THE HITLER HAGGADAH

THE HITLER HAGGADAH

A Moroccan Jew's Wartime Retelling
of the Passover Story

Composed by
Simon Coiffeur

With translation, facsimile
and background

Print-O-Craft Press
Philadelphia
2021

THE HITLER HAGGADAH
A Moroccan Jew's Wartime Retelling of the Passover Story

Mineged Publishing House

With translation, facsimile
and background

The original text was translated by
Dr. Avishai Bar-Asher, and first published
in the quarterly Pe'amim: Studies in Oriental Jewry
(published by Yad Izhak Ben Zvi),
issue 114/115: "The Jews of North Africa during WWII".
We are grateful to Yad Izhak Ben Zvi and to the journal for
their kind permission to reprint the text, as well as to Prof.
Haim Sa'adon, Dr. David Guedj, and Dr. Avishai Bar-
Asher for their insightful notes on this book.

Idea & production: Jonnie Schnytzer
Hebrew translation: Avishai Bar-Asher
English translation: Adi and Jonnie Schnytzer
Hebrew editing: Shay Mendelovich
English editing: Eppie Bat-ILan, Raz Elmaleh

Published in the United States by Print-O-Craft Press
www.printocraftpress.com

ISBN 978-1-951324-01-8
LCCN 2021903463
Printed in the United States of America
9 8 7 6 5 4 3 2

The Hitler Haggadah
written in Judeo-Arabic
authored by Nissim ben Shimon
in response to the events of World War Two
and the Allied landing on the shores of North Africa
was published in a single edition in Rabat, Morocco in 1943

Reprinted in one thousand copies
and in a separate edition of 148 copies
in honor of the friends of the Kedem Auction House
in Jerusalem, towards the festival of Passover, Nissan 5781

Twenty-five copies were numbered and handbound

Note: this edition was initially designed as a bilingual publication for the Israeli market. As a result, the pagination for the English section runs backwards. To begin reading the Hebrew section, open the book from the other side.

הגדה

די

היטליר

נסים בן שמעון

SIMON COIFFEUR

Place du Général Bremont -:- RABAT

Téléph. 32-11

Exclusivité dans tout le Maroc et l'Afrique du Nord

Visa de la Censure N° 7216

בבהילו

The Americans came *in great haste*:

הא לחמא

That expression void of hope
Which our fathers' frightened faces wore
Due to Hitler
The hungry shall walk in fear
The needy shall flee in fright.
This year we are here
Next year may we have peace and calm.
This year on the black market
Next year may we be free men in Palestine.

מה נשתנה

What makes this night different
From any night in '39?
That on those nights, we couldn't utter a word
But tonight, we are not frightened.
For on those nights our sleep was disturbed,
But tonight, our hearts are filled with joy.
For on those nights we were afflicted
And burdened

But tonight, come and see;
For on those nights we hadn't eaten
Nor drunk
We only snuck away in fear.
And tonight we dine in peace.

עבדים

Wicked Hitler enslaved us
And the Allied Forces rescued us,
With a great and mighty outstretched arm.
Had the Brits not come,
Nor the Yanks,
We would not have been saved
Neither us nor our children
Nor our grandchildren.
We were petrified by Hitler's might.
And would have been so even had we been wise,
Had we been knowledgeable
Had we known what was going to happen to him.
And all who tell this tale
Of what befell him
In the greatest of detail
Are praiseworthy.

מעשה

Once upon a time, in the days of Mussolini
The Great,
Hitler and that bastard Göring,
Ribbentrop and that Italian Ciano,[1]
Came to plan and plot,
In the course of that one night,
Until the Angels of Destruction came
And shook them, oh dear,
And threw them into dawn's furnace.

אמר רבי אלעזר

So spoke Roosevelt:
For I am like a man who's hit seventy,
Lucky enough to remember
The ruin of Germany by air raids at night.

Until Churchill came and taught,
As it is written:
'For ye shall remember
What the Eighth Army did unto them
On their way to Egypt.'

1 Galeazzo Ciano served as Foreign Minister in the Mussolini government.

For all of your days,
And mine,
I shall remember what befell them.
'All of your days,' including the nights also.
And the sages say:
'All of your days,' to bring forth the days of Russia.

ברוך המקום
Blessed is the All-present, blessed is He.
Blessed for bringing the Brits
And the Yanks, *blessed is He.*
The Torah speaks of four sons:
England, *the wise one.*
Hitler, *the wicked one.*
America, *the good one.*
And Mussolini, who isn't worthy of our words.

חכם
England – *the wise son, what says he?*
The Royal Air Force acts cleverly.
And even if you ask him:
How many *matzot* are eaten on Passover?
Each *matza* like a shell to the forehead,
Mighty shelling.

רשע

Hitler *the evil one, what says he?*
For the Jews, affliction and torture.
For the Jews, *not for him.*
And because he had grown so deranged with rage,
He grew cruel towards the Jews.
And Italy too *enraged him,*
By saying:
I've run out of ammo
In Libya and in Africa;
For me, but not for you.
And had I not followed you,
Neither of us would have been caught.

תם

America, *the honest one, what says he?*
What's this?
And you'll tell him: only with our planes,
Will we save the entire world from the oppressor.

שאינו יודע

And Mussolini, who isn't worthy of our words?
Open the discussion yourself. As it is written:

'*And you shall tell him* on the first day
When he was trapped,
Upon capturing Ethiopia
And beloved Tunisia.
And God brought about a miracle,
He brought the Brits.
And He kicked the Italians out of Egypt,
And Montgomery[2] chased them mercilessly.'

Is it permitted to recite from Rosh Chodesh?
He learned his lesson along with his partner Hitler,
When the Americans came to Africa.
Is it permitted to recite a day before?
Learn from this: The Jews may not (recite a day
before),
But as I have said, only at this moment.
From now until *Shavuot* we shall be saved
From exile.

---

2 Bernard Law Montgomery was a British Field Marshal who commanded
the military campaign in North Africa during World War II. Montgomery
led the Eighth Army as it forced the retreat of the Nazi Forces led by General
Erwin Rommel beyond the Egyptian borders.

מתחלה

From the beginning, that bastard Hitler was very strong,
And then Russia came close to annihilating his work.
As it is written: 'So said Stalin with goodwill to the people:
So said Timoshekno[3] in Stalingrad:
We'll close in on him and leave him no place to hide.
We'll chase him out of here
To the place of his doom
And there we will bring out against him yet other canons.'

ואקח את אביכם

'And so I took your father, Churchill
On a blessed day
And led him towards Italy. I supplied him with
massive arms
And I handed Tobruk over to him.
And since I wished to give him peace of mind,
I left Mussolini abandoned in Benghazi.
And I handed Tripoli over to him,
Up to the border of Tunisia,
With the Yanks behind him
And the Brits in front.'

3 Semyon Timoshenko, commander of the Stalingrad front and USSR
Minister of Defense during 1940-1941.

ברוך שומר

Blessed be He who helped the Yanks and the Brits,
Blessed be He.
For Mr. Roosevelt chose the right moment.
To execute the finale,
As planned at Casablanca's Anfa Hotel[4]
In a covenant between the pathways.
As it is written: 'And Roosevelt said unto them:
You should know,
We are mighty in the sea and in the sky
And we shall defeat and torment them
And afflict them with anguish.
And the Axis Powers conspiring with them
I shall deal with them as well,
And then we shall be free to dwell in full serenity.'

והיא שעמדה

She being Russia, *who stood up for our fathers,*
And for us.
For it was not only Hitler *who tried to destroy us,*
But also Mussolini *and others, many others*
Who tried to destroy us.

4 The Casablanca Conference.

89

And the blessed Allies
They *saved us from their grip.*

צא ולמד

Come and see what that bastard Göring *wished*
To do to our fathers;
For Hitler *only decreed upon the* Jews,
But Goebbels *sought to uproot everything.*
As it is written: 'That rogue, Hitler our cunning archenemy.
Their luck turned and their spirits were crushed,
Through the word of God
And a great wrath fell upon them,
Mighty and terrible.'

וירד

'*And* Rommel fled from Egypt,
Forced to withdraw, his tail between his legs.
And the Eighth Army followed him at once.'
This teaches us that he was not simply led to ruin,
But crushed.
As it is written:
'*And* Rommel *said* to Hitler en-route to Libya:
It was there that Montgomery wrenched my heart

For the famine is fierce in the land of Italy
And now we have been vanquished in the land of Tunisia.'

במתי מעט
'A scant few,' as it is written:
'Seventy airplanes hounded us
Everywhere,
And then came the air raids
Of the "Flying Fortress"[5] that stud the sky
As the stars of heaven for multitude.'

ויהי שם
'And there became a great nation.'
This teaches that there were tanks there.
'A great and mighty army,'
As it is written:
'And the people of Russia were fruitful,
increasing abundantly
Their mighty munitions,
And the land was filled with them.'

---

5 "Flying Fortress" was the nickname for the Boeing B-17, a heavy bomber
in the service of the US Air Force, best known for the extensive bombing of
German factories during the war.

ורב

'And a great many,' as it is written:
'Millions of soldiers are waiting
Before you,
Expand and multiply, tanks
For your sake,
Planes at the ready in America
And they shall come.
And Russia will orchestrate the undertaking.'

ויְרעו

'And the Nazis *afflicted us*,'
As it is written:
'And they tormented us and marked us with the yellow
badges.'
And 'they afflicted hardship upon us', as it is written:
'Here is a Jewish *people greater and mightier than us.*
Come, let us plot against them and exile them from here,
Let us increase their numbers with the fifth column
From among us,
And they too shall mingle
With our adversaries
And will inform us of all that is happening throughout
the lands.'

ויענונו

'And they tormented us',
As it is written:
'And they set [over us] Gauleiters
In our neighborhoods
And the Gestapo strained to *torment us*
With wretchedness.
And they built a concentration camp
In that accursed Berlin.'

ויתנו

'And they marked us with yellow badges',
As it is written:
'And the Gestapo marked the Israelites
With arm bands.'

ונצעק

'*And we cried out* To Roosevelt, blessed be he',
As it is written:
'*And* Hindenburg[6] *died* and Hitler rose
In the place of his ruin

6 The original text said "Hamburg," but the reference is apparently
to Hindenburg, the last president of the Weimar Republic. Hitler was
appointed chancellor during his tenure.

And the Israelites groaned from their suffering
And shouted out
And Roosevelt *heard their cries*
Under the strain of oppression.'

וישמע

'And Roosevelt *heard our lament,*'
As it is written:
'And Roosevelt *heard their lament.*
And he and Churchill *remembered*
Their desire for revenge,
The Brits and the Yanks and Stalin.'

וירא

'*And they saw our suffering,*'
All of the moral nations,
As it is written:
'And they *saw* the terrible suffering
Brought upon the Israelites and they had mercy.'

ואת עמלנו

'And our travail' – its bitterness,
These are the sons,

As it is written:
'And Hitler commanded the Gestapo saying:
Each and every Jew you catch,
Cast into the lime pit,
And bring the people to watch.'

ואת לחצנו

'And our oppression'
That we were oppressed among them,
As it is written:
'Neither old nor young, there wasn't a single merciful
one among them.'

ויוציאנו

'And it was General de Gaulle who *brought us out,'*
It wasn't by war
Not Laval[7]
Or Doriot[8]
Rather it was General de Gaulle *himself.*
As it is written:
'I shall go through the land of France

7 Pierre Laval, Prime Minister of Vichy France.
8 Jacques Doriot, French politician, founder and leader of the French
People's Party, a pro-Nazi far-right party.

On that night
And I shall smite the Nazis
From the youngest to the eldest
From man to beast
And as for Hitler's officials
I'll finish them off
I am de Gaulle.'

ועברתי

'*And I shall go through the land*
Of France
On that night and I shall smite every Nazi'
I and not Laval.
'*And I'll finish off* Hitler'
I and not Doriot.
'*I am* de Gaulle, *I and none other.*'

ביד חזקה

'*With a mighty hand,*' that's the tank
As it is written:
'Powerful as God's wrath
Goes through horses, donkeys, camels and cattle.
Very powerful tanks.'

82

וּבִזְרוֹעַ

'And with an outstretched and mighty arm'
That's the machine gun,
As it is written:
'And a machine gun in the hand of every soldier,
Ready against the Germans.'

וּבְמוֹרָא

'And with great awesomeness,'
That's Stalin
As it is written:
'Oh, how Russia came
To overtake them
By means of deception and war
Russia overpowered Germany
With the great awesomeness
Of Stalingrad
As all of you have been shown.'

ובאותות
'And by signs'
That's the flamethrower,
As it is written:
'And you shall take the flamethrower
In your hand
And bring down millions.'

ובמופתים
'And by wonders' come and demolish
As it is written:
'And we shall set you on fire you from *the heavens*
And from *earth,*
Fire and flames *and pillars of smoke.'*

דבר אחר
Another explanation: with machine guns
Two.
With flamethrowers
Two.
With Mosquito planes[9]
Two.
Flying Fortresses

9 The de Havilland Mosquito combat aircraft (DH. 98 Mosquito).

Two.
And tanks
Two.
And air raids
Two.

אֵלּוּ

These are the ten plagues
Brought about by the Allies
Upon the Germans in Germany
These are plagues:
Propaganda,
Air raids,
Terror,
Alarm,
Blackouts,
Mantraps,
Miscarriages,
Fleeing from cities,
Hiding in basements,
Black markets.
Rabbi Timoshenko used to refer to them
By their initials, like so:
דצ"ך עד"ש באח"ב.

רבי יוסי הגלילי

Rabbi Joseph Stalin *said:*
From where might it be inferred
That ten plagues were brought against the Germans
In Berlin
And fifty plagues
In Hamburg?
What was said in Berlin?
'And the advisors *said to* Hitler:
It is the wrath *of God.*
They've demolished Hamburg,
Not a single wall is left standing.
And Israel saw God's miracle,
And the gentiles feared God
And believed in God and in the *Allies.'*

כמה לקו

How many plagues were dished out?
There were ten
In Berlin.
From now on say: there were ten in Berlin,
And fifty in Hamburg.

רַבִּי אֱלִיעֶזֶר

Rabbi Colonel Knox[10] *said:*
How do we know that each plague
Delivered unto Germany by the Allies
Was actually four plagues?
As it is written:
'He shall send the Royal Air Force,
The Flying Fortress,
The fighter planes
And the Mosquito [planes].'
The Royal Air Force – *one,*
The Flying Fortress – *two,*
The fighter planes – *three,*
And the Mosquito – *four.*
From now on say:
In Berlin *they were struck by forty plagues,*
And in Hamburg, *two hundred.*

---

10 Frank Knox, Secretary of the United States Navy in the Roosevelt Administration during most of World War II.

רבי עקיבא

Rabbi Montgomery and Rabbi
Alexander[11] *said:*
How do we know that every plague
Delivered unto Germany by the Allies
Was actually five plagues?
As it is written:
'*He sent upon them* the Royal Air Force,
The Flying Fortress, the fighter planes,
the Mosquito and the mighty bombers.'
The Royal Air Force – *one,*
The Flying Fortress – *two,*
The fighter planes – *three,*
The Mosquito – *four,*
And the mighty bombers – *five.*
From now on say:
Berlin *was hit with fifty plagues,*
And Hamburg, *two hundred and fifty.*

---

11 Harold Alexander, Field Marshal in the British Army who commanded
the battle in North Africa and the battle in the Mediterranean region during
World War II.

כמה מעלות

Oh Lord, *how many* tanks are on stand-by?
Had they been kicked out of Egypt,
But Montgomery *hadn't finished 'em off,*
Dayeynu – it were enough.
Had Montgomery *finished 'em off,*
But not taken from them Tobruk,
Dayeynu – it were enough.
Had he taken Tobruk,
But not chased 'em to Tunisia,
Dayeynu – it were enough.
And had he chased 'em to Tunisia,
But not pursued 'em to Sicily,
Dayeynu – it were enough.
Had they chased 'em to Sicily,
But not demolished their cities,
Dayeynu – it were enough.
Had they demolished their cities,
But not let the Jews back to work,
Dayeynu – it were enough.
Had de Gaulle granted the Jews the right to return
to work,
But not saved our fathers,

Dayeynu – it were enough.
Had they saved our fathers,
But not revoked the anti-Jewish law,[12]
Dayeynu – it were enough.
Had de Gaulle revoked the anti-Jewish law
But not reinstated the Jews in their positions,
Dayeynu – it were enough.
Had the Jews been reinstated to their positions
Through pleas,
But Roosevelt hadn't chosen to bring us to Palestine,
Dayeynu – it were enough.

עַל אַחַת

All the more so,
Was the favor shown us by God
Doubled, tripled, quadrupled, multiplied five times over.
The wicked ones were kicked out of Egypt,
And finished off,
And Tobruk was taken back from them,
And they were chased to Tunisia,
And pursued to Sicily,
And their cities were demolished,

---

12 In French - Le Statut des Juifs.

And the Jews were granted the right to return to work,
And our fathers were saved,
And the anti-Jewish law was revoked,
And the Jews were reinstated in their positions
And they asked to bring all of us,
To Palestine,
To atone for our sins.

רבן גמליאל

Rabbi Montgomery *used to say:*
Whoever has not made mention
Of these three nations on Passover
Has not fulfilled his obligation.
And these are the nations:
Germany, Italy and Japan.

פסח

This Germany *that we* are fighting,
For what reason?
Because back when the world was stable,
Our fathers were trapped there,
As it is written:
'And you said he was slaughtering the Jews,

Skinning their hides,
He and the Gestapo plotting against us.
And then the Allies came,
Brought Berlin to a halt,
And saved our homes
And the people cheered and bowed.'

מצה זו

This Italy *that we* are fighting,
For what reason?
Because Mussolini
Stuck close to Hitler, saying:
'Be careful not to betray me.'
And the All-present brought upon them Montgomery
And their dough didn't even have time to turn into
Macaroni.
*And the*n the Eighth Army *appeared*
And immediately they fled.
'*And they baked the dough* and made
Spaghetti
When the Allies kicked 'em out of Egypt
And they didn't have time to shape the dough
Nor did they even have time to fast.'

מרור

This Japan *that we* are fighting,
For what reason?
Because Japan betrayed the US
They fell into her trap.
Look how she kills and burns them
Everywhere,
But then the Japanese ran out of rice,
As it is written:
'And their life was made bitter
By the Chinese who killed them masterfully.'

בכל דור ודור

In each and every generation
The Gaullist is ready to capture Hitler
And wreak havoc on him,
As if he came straight out of the 'Resistance',[13]
As it is written:
'For there were many who contrived with them
To exterminate us,
Hundreds of thousands,
And now we're rid of them.

13 La Résistance – the resistance movement, a general name for the
resistance movements that fought the Germans and the Vichy Regime.

So that future generations may know
The merits of the 'Resistance'
To whom we swore our allegiance in the name of
our fathers.'

לְפִיכָךְ

Therefore we must
Thank Russia,
Honor and Glorify Stalin,
Praise England,
Laud America,
Exalt and extol the Gaullists
And acclaim de Gaulle,
Who revealed his might
Through all these challenges,
To our fathers and to us.
The Allies *took us out of enslavement*
And gave us freedom.
We went from alarm to celebration,
From confining blackouts
To great light,
And so we should say to them
Hallelujah!

A note on the English translation

The Hitler Haggadah is structured around the traditional Passover Haggadah. However, in addition to the Hebrew-Aramaic version, the Hitler Haggadah's North African author also drew on the Judeo-Arabic Haggadah (written in Arabic using Hebrew letters). The idea to transform the Haggadah's Judeo-Arabic language and style with an alternative story resulted in a work that includes extensive wordplay. The author's chief innovation is the addition of rhymes throughout most of the Haggadah, an addition that was not kept in the English (or Hebrew) translations. Furthermore, the author's attempt to trace linguistic parallels to the vocabulary of the Judeo-Arabic Haggadah resulted in a wealth of modifications to names and phrases, some of which make sense in comparison to the Hebrew original, and others only accessible to those acquainted with the Judeo-Arabic dialect. Naturally, this coloring (wholly absent from the Passover Haggadah) does not appear in this translation, which favors faithfulness to the meaning of the text.

In both the original Judeo-Arabic Hitler Haggadah and the Hebrew translation, a reader familiar with the traditional Passover Haggadah may be able to distinguish between original wordings and the author's innovations. However, since this might not be the case in the English, phrases preserved from the original Haggadah are given in italics, to provide English readers with a sense of the author's wordplay. The translation of the traditional Haggadah phrases is our own, in an attempt to remain faithful to the author's vernacular.

Finally, the English translation's sentence structure differs somewhat from the original, in hopes of restoring some of what has been inevitably lost in translation. Following the aesthetic norms of such texts, the first letter of each line is capitalized.

What makes this night different from any night in 1939?[1]

Avishai Bar-Asher

The Hitler Haggadah was written in Morocco and published in Rabat during World War II. While the front cover doesn't mention a publication date, the historical events mentioned in the text place its composition between 1943 and 1944. The author's name, given in Hebrew as Nissim ben Shimon (Nissim son of Shimon), appears in no other known documentation. Without a surname or the full name in French, we have no other information about him. It is doubtful whether the name Simon Coiffeur, likewise provided on the cover and absent from other documentation, is that of the publisher or of the author's father.

The text indicates that the author was fluent in the local Judeo-Arabic, as well as French, which he probably used intermittently. He was undoubtedly versed in the events of the war, his sources most likely being the French press. The

---

1 The piece is based on Dr. Avishai Bar-Asher's article, "What makes this night different from any night in 1939?" published in Pe'amim: Studies in Oriental Jewry, volume 114-115 (January 2008), pp. 137-196, and published here with his kind permission.

events he cites and the way he portrays them suggest a strong political awareness. Throughout the Haggadah, he openly expresses support and admiration for the Allied Forces and their leaders – most prominently General de Gaulle, the Gaullists in general, and *La Résistance*, the French resistance to the Nazis and the Vichy regime in France.

Stylistically, the text falls into a genre of popular literature written in North Africa at the time. These works typically contextualized historiographies, as understood by their authors, within structures that were drawn from religious, liturgical, and popular tradition. The forms most commonly employed by North African Jewish authors included the lamentation (*qinah*), the ode (*qasida*), and legends (*sipure ma'asiot*), such as lamentations for Tisha B'Av or the Book of Esther. It seems that with the exception of the Hitler Haggadah, no other literary work of this genre in Morocco opted for the structure of the traditional Passover Haggadah.

Examining texts from this genre reveals a great enthusiasm among Jews of that time for composing new literary works within traditional formulas. These quasi-traditional works allowed them to record for posterity the momentous events that befell their people. In some cases, the literary and religious impulses merged to try and establish new ritual observances commemorating historical events. For example, the Hitler Megillah, composed and observed in Casablanca, proposes an annual recalling of the Jews' salvation on November 11, 1942, when the Allied Forces landed in Morocco and Algeria. Nevertheless, it seems that the Hitler Haggadah falls outside this category, and there's no reason to assume that its author set out to establish a new tradition. Its composition was most likely motivated by literary rather than religious or traditional considerations.

The Hitler Haggadah is carefully structured according to the traditional Haggadah's *maggid* section, starting with "With great haste we left Egypt" בבהילו יצאנו ממצרים (which customarily precedes "This is the bread of affliction" הא לחמא עניא in some North African Jewish communities) until "Wherefore we must thank" לפיכך אנו חייבים להודות, which precedes the *hallel* paean. However, while the traditional Passover Haggadah is a text of many *modalities*, featuring biblical verses, midrashic and rabbinic exegeses, ritual descriptions, and pure narrative (the exodus story), the Hitler Haggadah blurs these stylistic distinctions in favor of a straightforward historical narrative of WWII events. Pouring these into the traditional mold of the Passover Haggadah, the Hitler Haggadah illuminates the horror and suffering of the war in North Africa from a Jewish Moroccan viewpoint. Employing a complex allegorical interpretation, the author turns the story of the Israelites' salvation from Egypt into that of the North African Jews' salvation from the Nazis following Allied victory. The military victory and rescue are at the heart of this narrative, taking up the lion's share of allegorical devices. Of the four building blocks of the Passover story – emigration to Egypt, slavery and hardship, God's plagues upon the Egyptians, and the exodus – only two are systematically allegorized as WWII events: the tribulations of the Jewish people during the war and Holocaust, and the "plagues" inflicted by the Allies on the Germans.

The earliest events described in relative detail in this work took place at the start of British and Allied engagement in North Africa, during the large campaign of Operation Compass from December 1940 to February 1941 – the latest being the Allied pushback of Axis powers to Tunisia and Sicily in spring and summer of 1943. The Casablanca conference (January 1943) is presented as the beginning of the end, owing to the Allied plan to devastate Germany itself, with special attention given to describing the heavy air raids on German cities.

Two historic events receive special status in the Hitler Haggadah. The first is the British and American landing in North Africa on November 8th, 1942, which launched Operation Torch. This event's centrality to the author is evident from the unusual expressions attached to it from the very first lines of the Haggadah. The second event is the repeal of anti-Jewish laws, *Le statut des Juifs*, an act attributed in this Haggadah to de Gaulle. While the official repeal took place in mid-March of 1943, it was preceded by several positive steps, starting with the Casablanca Conference.

The sequence of events from Operation Torch to the abolition of the anti-Jewish laws is summarized in the All the more so (על אחת כמה וכמה) section:

The wicked ones were kicked out of Egypt, and finished off, and Tobruk was taken back from them, and they were chased to Tunisia, and pursued to Sicily, and their cities were demolished, and the Jews were granted the right to return to work, and our fathers were saved, and the anti-Jewish law was revoked, and the Jews were reinstated in their positions and they asked to bring all of us, to Palestine, to atone for our sins.

The proximity between these two historic events is likely what provoked a wave of hope among Moroccan Jewry, and possibly what served as the background for Nissim Ben Shimon's decision to compose this work.

Reading the text leaves some impressions regarding style. Parts of the Hitler Haggadah are comical, even farcical, and indeed certain elements might lead to the conclusion that this is a satire of World War II and its effects on the Jewish people. Likewise, the melding of Judeo-Arabic dialect with traditional Haggadah language (Biblical Hebrew, Aramaic, and Mishna), mediated by the translation into Judeo-Arabic, yields amusement and even parody throughout. However, despite the optimism infusing the text, it ultimately describes fateful and horrific events that ended in disaster and Holocaust for many, and which threatened the lives of many Jews - including the author. Beyond the depiction of historic events and the work's stylistic invention, one cannot ignore another clear characteristic typical of works in this genre: the sense of Jewish solidarity and peoplehood, uniting North African and European Jews alike.

World War Two and the Holocaust in North Africa[1]

Adi and Jonnie Schnytzer

"The Americans came in great haste" – with these opening words, the Hitler Haggadah transports the reader back to November 8, 1942, the day that Operation Torch commenced with a US-led landing on the shores of Morocco and Algeria. These words express something of the hope that North African (and particularly Moroccan) Jews felt as the Allies landed, and as World War II and the Holocaust – some of the worst periods in their history – neared their end.

The Holocaust did not pass over North Africa: the Jews of Morocco, Tunisia, and Algeria (all subject to France's Vichy regime), as well as those of Libya (all subject to Italy's Fascist

---

1 This piece is largely based on the following studies: the volumes of "Morocco", "Tunisia" and "Libya" in the series "Jewish Communities in the East in the Nineteenth and Twentieth Centuries", edited by Haim Saadoun (published by the Ben-Zvi Institute); "The Jews of North Africa During the Second World War", by Michel Abitbol (published by the Ben-Zevi Institute); "The Jews of North Africa During the Holocaust" (published by Yad Vashem); and "Libyan Jews on the Verge of Holocaust" (Pe'amim 28); however, any mistakes found herein are those of the authors alone.

regime), suffered numerous anti-Jewish decrees and laws, and in some cases were sent to forced labor camps. Yet, whether or not they were included in the Nazis' final solution, the North African front's geographical distance and lesser strategic importance for the Axis Powers had spared the Jews from extermination. The fate of North African Jewry was not like that of their brethren in Europe.

The North African campaign of World War II began in September 1940 with the Italian invasion from Libya to Egypt, which was under British auspices. The goal: to take over the strategic Suez Canal. The fighting, which included fierce battles, shelling, and destructive bombings, sometimes favored the Allies (led by Britain) and other times the Axis Powers (Nazi Germany and Fascist Italy).

At the beginning, most of the fighting took place on the Libyan-Egyptian border, but with the success of the Allies (the United States joining in 1942), the battles moved deeper into Libyan territory, and finally into Tunisia. In the words of the author: "Had he taken Tobruq, but not chased 'em to Tunisia, *dayeynu*, it were enough. And had he chased 'em to Tunisia, but not pursued 'em to Sicily, *dayeynu*, it were enough." In May 1943, in the aftermath of tough battles in Tunisia, after the US-led Allied Forces had carried out a successful amphibious invasion off the coasts of Morocco and Algeria, the Axis Powers surrendered.

During this long period – which lasted two and a half years – the suffering of Jews in the region varied in accordance with the country where they lived, its level of involvement in the war, and the presence of Axis Powers. Due to anti-Jewish laws, many were forced to leave their jobs and prevented from engaging in professional occupations. Permitted occupations were subject to quotas. In Tunisia, for example, which was under Nazi control for a brief period, Jews suffered from the presence of German soldiers, especially SS soldiers, who created a harsher antisemitic atmosphere. Jews in Algeria were stripped of their French citizenship. In some cases, Jewish-owned shops were marked, and in Algeria and several cities in Tunisia Jews were made to wear a yellow badge. In other cases, children and teens were expelled from government schools, property was confiscated, and heavy fines were imposed. Many fell victim to assault, looting, and pogroms.

Forced labor camps were set up in Tunisia, Libya, and Algeria. In one case, in the city of Tunis, a local *Judenrat* was established and required to recruit thousands of Jews for forced labor. Fathers and sons over 18 were sent to forced labor camps, the largest being Bizerte and Mateur, which included hundreds of Jews. The camps were set up for the most part in border areas where active fighting was in full swing, subjecting Jews to abuse whether the guards were Italian soldiers, German soldiers, or French Foreign Legion officers.

In quite a few cases, camp conditions were extremely harsh. Jews worked for long hours, and those who disobeyed orders were shot. In some cases, work involved a daily march of several kilometers from the camp and back. Prisoners often suffered cruel punishments such as flogging, beating with clubs, and more. At times, those who managed to flee the camps jeopardized their families. The sick were often left untreated, and many died of disease, starvation, and even torture.

In Libya, due to the heavy fighting, Jewish neighborhoods were hit by shelling, and in some cases the authorities deported Jews from one area to another, and sent thousands to forced labor. In addition, Jews in warzones were commonly labeled as Allied collaborators, resulting in a wave of anti-Jewish riots, violence, and even murder. When the Axis Powers wished to dilute the Jewish population in Libya, the decision was made to build the Giado concentration camp in the middle of the desert. Over 2,500 Jews were sent to this camp, cramming them by the hundred into narrow pavilions. Inmates at this camp often suffered from abuse, water and food shortages, and poor sanitary conditions, resulting in the deaths of hundreds. Hundreds more with British citizenship were sent to Bologna in Italy, and from there to the Bergen-Belsen concentration camp. Over a hundred Libyan Jews were sent to Austrian's Innsbruck-Reichenau concentration camp.

Moroccan Jews were not sent to forced labor camps, although they did suffer from anti-Jewish laws, and in some cases were barred from living outside Jewish neighborhoods. Furthermore, despite the Vichy regime's cooperation with the Allies after Operation Torch, Jews continued to suffer from attacks instigated by this antisemitic French regime. Similarly to Morocco, the situation of the Jews in Algeria did not improve immediately after Operation Torch: it took several months before the country's anti-Jewish laws were repealed.

In light of North African Jewry's dire state during this period, one can understand the great hope that prevailed among Jews following the Allied victory. Indeed, the description offered by the author of the Hitler Haggadah shows us to whom most of the gratitude was directed:

> Therefore we must Thank Russia, honor and glorify Stalin, praise England, laud America, exalt and extol the Gaullists and acclaim de Gaulle, who revealed his might through all these challenges, to our fathers and to us. The Allies took us out of enslavement and gave us freedom. We went from alarm to celebration, from confining blackouts to great light, and so we should say to them Hallelujah!

Despite the war and the bleak situation of North African Jewry, this period was also characterized by acts of bold heroism, kindness, and compassion in the face of risk. In Tunisia, for example, local Jews fought against riots on the part of the Muslim population despite the presence of German soldiers. In Libya, the Jewish community was resourceful in setting up underground bomb shelters. The Jewish community in Casablanca, led by lawyer Helen Kazas-Ben-Atar, worked to rescue thousands of Jewish refugees from Europe in a variety of admirable ways. Indeed, the various Jewish communities employed many different mechanisms of mutual assistance. Where students were expelled from schools, underground schools were established. Where Jews were fired from jobs or barred from professions, bodies were set up to provide financial assistance, offer vocational retraining, and create underground educational programs. In Algeria, in anticipation of Operation Torch and the Allied landing, the Jewish underground joined forces with the French Resistance in neutralizing military command and taking over key positions until the Allied Forces came.

On the eve of the war, there were around 430,000 Jews living in North Africa. Morocco had the largest community with over 200,000 Jews, with Algeria and Tunisia having around 100,000 Jews each and Libya having approximately 30,000.

In the years following the war, the vast majority of North African Jews emigrated to Israel or other countries, primarily France. In Libya, many emigrated to Israel after the Holocaust and the founding of the state, with the remaining Jews joining them following a wave of riots and murders. In Algeria, relations between Jews and Muslims continued to decline, due in part to the conflict in Israel, and when Algeria gained independence in 1962, most of its Jews emigrated to France and some to Israel. In Tunisia, most of the Jews left in 1956 with the country's independence, and in 1967 most of the remaining Jews left after further hostilities and riots. Most Tunisian Jews emigrated to Israel or France, and today there are only around 1,000 Jews living in Tunisia, mostly in the capital Tunis and the island of Djerba. In Morocco, following liberation, Jews fell victim to assaults, looting, and robbery, as well as arrests, anti-Jewish demonstrations, and curtailed food rations. Between Israel's declaration of independence in 1948 and Morocco's independence in 1956, over 85,000 Jews emigrated to Israel both legally and illegally. Later, another 150,000 emigrated. Today there remains in Morocco a small Jewish community of a few thousand.

"And the Jews were granted the right to return to work, and our fathers were saved, and the anti-Jewish law was revoked, and the Jews were reinstated in their positions, and they asked to bring all of us, to Palestine, to atone for our sins." Thus writes the author of the Hitler Haggadah, expressing his hope, on one hand, that life would go back to normal, at least for a while, and on the other, that the Jews would make *aliyah*, emigrate to Israel. And indeed, the mass Jewish migration in the two decades following the war marked the end of over 2,000 years of glorious Jewish heritage and history in North Africa.

פאנא - לוכאן פכו זדודנא - ולא מן חאיידלנא דו־גול
סתאתו דו זויף יכפאנא - לוכאן דו־גול חאיידל־נא
יסתאתו דו זויף - ולא מן רוד ליהוד לפלאייצהום
פאנא - לוכאן רזעו לפלאייצהום בררגיב - ולא מן
רוזוילט חב יעבבינא לפלסתין יכפאנא .

ל אחת עלא וחדא קדדאס וקדדאס . מליחא ומתנייא
ומתללתא ומרבבעא ומכממסא . ללאה
רוך הוא עלינא . טרררוהום מן מאצאר . עמלו פיהום
ראייע . עבבאולהום תוברוך . זרראו עליהום חתא לתונס .
רכו עליהום לסיסיליא . הדמו עליהום בלדאנהום . רדדו
יהוד לכדאיימהום . פככו אילנא זדודנא . חאיידולנא
יסתאתו די זויף - רזעו ליהוד לפלאיצהום . והבבו יעבביונא
כאמלין לפלסתין . באס יגפרו לינא זמיע דנובאתנא :

בן גמליאל רבן מונגומירי כאן יקול . זמיע די מא קאל
תלאתא דנאס האדו פפסח . לא מן יכרז קדר
תלזימו . והאדו הומא לאמאן טיאן וזאפון :
סח לאמאן האדא די חנא נקאטלו . עלא סבבת אס - עלא
סבבת פייאם די כאנת דניא תאכתא . כאנו זדודנא
ממא חאצלין . פחאל מא קאל לפסוק . ותקולו כא ירבח

רבי עקיבא רבי מונתגומירי ואיכסאנדר כאן יקול - מנאיי
די זמיע דרבא ודרבא - די זאבו ליזאיי עלא לאמאן
כאנת די כמס דרבאת - פחא מא קא לפסיק - יצללט עליהו
לא רואיא איר פורץ - לא פורטרים בולאן - ליסאסו
ולמוסכיתו · ולבומבארדיי לורד · לא רואיא איר פורץ ואחד
לא פורטרים בולאן זאוז - ליסאסור תלאתא - ולמוסכיר
רבעא - ולבומבארדיי לורד כמסא - קול מן דאבא פי בירל
נדראבו כמסין דרבאת - ועלא האמבורג נדראבו מיאתאי
וכמסין דרבאת :

כמה מעלות סחא מן טאנגאת מוזודין אלאה ברוך הו
ינזזינא - לוכאן טררדוהום מן מאצאר - ול
מונתגומירי עמל פיהום שראייע יכפאנא - לוכאן מונתגומי
עמל פיהום שראייע - ולא מן עבבאהום תוברוך יכפאנא
לוכאן עבבא אילהום תוברוך - ולא מן זראו עליהום חתח
לתונס יכפאנא - לוכאן זראו עליהום חתתא לתונס - ולא כ
חרכו עליהום לסיסיליא יכפאנא - לוכאן חרכו עליהו
לסיסיליא - ולא מן הדמו בלדאנהום יכפאנא - לוכאן הדכ
בלדאנהום - ולא מן רדדו ליהוד לכראמיהום יכפאנא
לוכאן דו־גול רדד ליהוד לכראמיהום - ולא מן פככו זדודו

. פחﭏ מא קﭏ לפסוק . סאפו לעראב די מעדהבין

ולאד ישראﭏ • וחננו עלינא :

ת עמלנו וסקאנא למראייר הארו לולאד . פחﭏ מא קﭏ
לפסוק . וצצא היטליר לזמיע לא גיסטאפו ליקול . זמיע
הודי די תקבדו תרמיוה פזזיר . ותזיבו נאס יתפררזו :

ת לחצנו וחצלאננא די חצלנא פידיהום . פחﭏ מא קﭏ
לפסוק . חתתא ואחד בלמחננא מא פיהום - מן
סגירהום חתתא לכבירהום :

יאנו וכרזונא זינירﭏ דוגול - לאיים עלא ייד לגיר .
ולאיים עלא ייד לאבﭏ . ולאיים עלא ייר דורין - אילא
ﭏ דוגול . בוקארו ובקוותו . פחﭏ מא קﭏ לפסוק . ודוזת
ר פראנסא פלילא האדיך . ודרבת נאזי מן סגיר חתתא
ר . מן בנאדם חתתא לבהמה . ופזמיע לכבאר די היטליר
נעמל שראייע אנא דוגול :

רתי ודוזת פארד פראנסא פלילא האדיך - ודרבת זמיע
נאזי אנא ולאיים לאבﭏ - ועמלת שראייע פהיטליר
א ולאיים דורין - אנא דוגול אנא הווא ולאיים אכור :
י חזקה בייד קוייא הארא טאנג - פחﭏ מא קﭏ לפסוק
אילא סכט ﭏאה זאייא בלקווא - כא ידכל פלכיל .פלחמיר

וירעו וקבבחו לינא ליטלירין . פחא מא קא לפסוק ועדרבונא ורסמונא בטראף צפרין :

וירעו וקבבחו אילנא פחא מא קא לפסוק . לגנס דליהוד קוי עלינא . אראו נתכייסו ונזליוה מן הינא . ונכתתרו מעאה לא סאנכיים כולין פינא . ותכללטו חתתא הוטא מעא כארהיננא . ויכבברו לינא די יסיר פי כול ארה :

ויענונו ועדרבונא פחא מא קא לפסוק . וזעלו לגלותיי פחומתנא ולאגיסטאפו תעדרב פכרמתנא . ובנאו כאמפ דלא כונסתראסיון . פלקיהרא די בירלין :

ויתנו ורסמונא בטראף צפרין . פחא מא קא לפסוק . ורסמו לא גיסטאפו . ולאד ישרא בלבראצאר .

ונצעק וגייטנא ילא רוזוילת חבארך שמויתו . פחא מא קא לפסוק מאת האמבורג וטלע היטליר פטכלייתו . ותנההדו ולאד ישרא מן לעדאב וגייטו . ושמע גיטתהום רוזוילט מן לכדמא :

וישמע ושמע רוזוילט גיטתנא פחא מא קא לפסוק . ושמע רוזוילט גיטתהום . הווא ושורשיל תפכברו חסיפתהום מעא לינגליז, ומעא לאמיריך, ומעא סתאלין :

וירא וראו גבננא, זמיע לגניס די פא יעארפו דרך

ג'רבה. במרוקו, לאחר שחרורה, סבלו היהודים מתקיפות, ממעשי ביזה ושוד, ממעצרים, מהפגנות אנטי-יהודיות ומקצבות-מזון פחותות. מאז הקמתה של מדינת ישראל ב-1948 ועד עצמאותה של מרוקו ב-1956 עלו לישראל - בצורה חוקית ובצורה בלתי חוקית - מעל 85,000 יהודים. בהמשך, ובסיוע המחתרת היהודית במרוקו, עלו עוד כ-150,000 יהודים. כיום נותרו במדינה אלפים בודדים.

"והשיבו את היהודים לעבודותיהם / והצילו לנו את אבותינו / וביטלו את תקנון היהודים / ושבו היהודים למשרותיהם / וביקשו לקחת אותנו כולנו / לפלשתינה / לכפר על כל עוונותינו" כותב מחבר "הגדת היטלר", ומביע בדבריו תקווה כפולה: מציאות של חזרה לשגרה - לפחות לזמן קצר או למראית עין - מחד, ועלייה לארץ ישראל מאידך. ואמנם, עם הגירתם המסיבית של היהודים בשני העשורים שלאחר המלחמה נחתמה תקופה מפוארת בת כ-2000 שנות היסטוריה ומורשת יהודית בצפון אפריקה.

והתנגדו לפרעות מצד האוכלוסייה המוסלמית, אפילו בנוכחותם של חיילים גרמנים. בלוב פעלו בתושייה והקימו מקלטים תת-קרקעיים כדי להינצל מהפצצות. הקהילה היהודית בקזבלנקה, בהובלתה של עו״ד הלן קאזס-בן-עטר, פעלה במרץ רב כדי להציל אלפי פליטים יהודים מאירופה במגוון דרכים מעוררות הערצה. הקהילות היהודיות השונות הפעילו מנגנונים שונים כדי לעזור איש לרעהו. במקומות בהם גורשו תלמידים מבתי ספר - קמו בתי ספר מחתרתיים, היכן שיהודים פוטרו מעבודתם או נמנע מהם לעסוק במקצועות מסוימים - קמו גופים שהעניקו סיוע כספי, הציעו תכניות הסבה מקצועיות ותכניות חינוכיות מחתרתיות. באלג׳יריה, לקראת מבצע ״לפיד״ ונחיתת ״בעלות הברית״, הצליחה המחתרת היהודית בבירה אלג׳יר, בשיתוף אנשי ה״רזיסטאנס״ (תנועת ההתנגדות הצרפתית), לנטרל את הפיקוד הצבאי ולהשתלט על נקודות אסטרטגיות עד בוא כוחות ״בעלות הברית״.

ערב המלחמה מנו קהילות יהודי צפון אפריקה כ-430,000 נפש: יהודי מרוקו - הקהילה הגדולה בקרב יהודי האזור - למעלה מ-200,000 נפש, באלג׳יריה ובתוניסיה סביבות 100,000 בכל אחת, ובלוב כ-30,000 נפש.

בשנים שלאחר המלחמה, רוב רובם של יהודי צפון אפריקה עלו לארץ ישראל או היגרו למדינות אחרות, בעיקר לצרפת. לאחר השואה ולאחר הקמת מדינת ישראל, בעקבות פרעות נוספות וגל רציחות, רבים מיהודי לוב הנותרים עלו לישראל. גם באלג׳יריה המשיכו להידרדר היחסים בין היהודים לאוכלוסיה המוסלמית, ובשנת 1962, עם עצמאותה של אלג׳יריה, רוב היהודים היגרו לצרפת וחלקם עלו לישראל. מרבית יהודי תוניסיה עלו ב-1956, עם קבלת עצמאותה של המדינה, וב-1967 עזבו רוב הנותרים, לאחר התנכלויות ופרעות. כיום מתגוררים בתוניסיה כ-1,000 יהודים המרוכזים בבירה תוניס ובאי

הציר" לדלל את האוכלוסייה היהודית בלוב, הוחלט על הקמת מחנה הריכוז ג'אדו (Giado) בלב המדבר. מעל 2,500 יהודים נשלחו למחנה זה, שם אולצו להידחס בביתנים צרים, מאות בכל ביתן. האסירים במחנה זה סבלו לעיתים מהתעללויות, ממחסור במים ובמזון ומתנאים סניטריים תת-אנושיים אשר הביאו למותם של מאות. מאות נוספים, בעלי אזרחות בריטית, נשלחו לבולוניה שבאיטליה ומשם אל מחנה הריכוז הגרמני ברגן בלזן. למעלה ממאה מיהודי לוב נשלחו למחנה הריכוז האוסטרי אינסברוק-רייכנאו (Innsbruck-Reichenau).

יהודי מרוקו לא נשלחו למחנות עבודה או כפייה, אך סבלו מחוקי הגזע האנטי-יהודיים, ובחלק מהמקרים אף נאסר עליהם לגור מחוץ לשכונות היהודיות. מבצע "לפיד" הביא, אמנם, לשיתוף פעולה בין ממשל וישי ו"בעלות הברית", אך היהודים המשיכו לסבול מתקיפות בהובלת הפקידות הצרפתית האנטישמית. בדומה ליהודי מרוקו, אף מצבם של יהודי אלג'יריה לא השתפר לאחר הגעת "בעלות הברית": חוקי הגזע האנטי-יהודיים במדינה בוטלו רק כמה חודשים לאחר מכן.

לאור מצבם של יהודי צפון אפריקה בתקופה זו ניתן להבין את התקווה האדירה שחשו עם נצחון "בעלות הברית", ותיאורו של מחבר ההגדה ממחיש היטב את רגשות ההודיה שלהם: "לפיכך אנחנו חייבים / להודות לרוסיה / להלל ולשבח את סטלין / להדר את האנגלים / לפאר את אמריקה / לרומם ולעלה את הגוליסטים / ולקלס את דה-גול / שגילה עוצמתו לאבותינו ולנו / בכל הנסיונות האלה. / הוציאונו בעלות הברית מעבדות לחירות / ומאזעקה לריקוד / ומהגבלה של אפלה / לאור גדול / ונאמר לפניהן הללויה".

חרף המלחמה ומצבם העגום של יהודי צפון אפריקה, התקופה התאפיינה גם במעשי גבורה וחסד, תוך תעוזה רבה, למרות הסיכונים הכרוכים בדבר. כך, למשל, בתוניסיה היו מקרים בהם יהודים מקומיים לחמו

גרמנים, ובמיוחד חיילי אס-אס, והאווירה האנטישמית החריפה. מיהודי אלג'יריה נשללה אזרחותם הצרפתית. במקרים מסוימים סומנו חנויות היהודים, ובאלג'יריה ובכמה ערים בתוניסיה יהודים נשאו טלאי צהוב על בגדיהם. במקרים אחרים, ילדים ונוער גורשו מבתי הספר הממשלתיים, רכוש הוחרם וקנסות כבדים הוטלו על היהודים. רבים נפלו קרבן לתקיפות, למעשי ביזה ולפרעות.

מחנות עבודה הוקמו בתוניסיה, בלוב ובאלג'ירייה. במקרה אחד, בעיר תוניס, אף הוקם גם "יודנרט" מקומי, שנדרש לגייס אלפי יהודים לעבודות כפייה. אבות ובנים מעל גיל 18 נשלחו למחנות עבודה, שהגדולים שבהם, עם מאות יהודים, היו מחנות ביזרט (Bizerte) ומאטר (Mateur). לרוב הוקמו המחנות באזורי הסְפר - מקומות בהם הלחימה הייתה בעיצומה - שם סבלו היהודים מהתעללויות מצד האחראים עליהם, בין אם היו אלו חיילים איטלקים או גרמנים ובין אם היו אלו קציני לגיון הזרים הצרפתי.

בלא מעט מן המקרים היו התנאים במחנות קשים, יהודים הועבדו שעות מרובות בעבודות פרך, בעוד המסרבים לבצע פקודות נורו למוות. במקרים מסוימים הייתה כרוכה העבודה גם בהליכה יומית של כמה קילומטרים מהמחנה ובחזרה אליו. בחלק מהמקרים, על עבודתם הקשה נוספו גם עונשים אכזריים כגון הלקאות, הכאה באלות ועוד. לעיתים, אלו שהצליחו להימלט מן המחנות העמידו בסכנה את בני משפחתם. חולים לא טופלו, רבים מתו ממחלות, מחוסר מזון ומעינויים.

בלוב, בעקבות הלחימה המרובה באזור, שכונות יהודיות נפגעו בהפגזות, במקרים מסוימים השלטונות הגלו יהודים מאזור אחד לאחר ואלפים נשלחו למחנות לעבודות כפייה. נוסף על כך, היהודים באזורי הלחימה ספגו גם האשמות לפיהן הם משתפים פעולה עם "בעלות הברית", דבר שהוביל לגל של פרעות, תקיפות ואף לרציחות. כאשר רצו "כוחות

בסדר העדיפויות של "כוחות הציר" כמו גם המרחק הגיאוגרפי שלה
לא הביאו להשמדה המונית של יהודי האזור, וגורלם לא היה דומה
כלל לזה של אחיהם באירופה.

המערכה הצפון אפריקאית של מלחמת העולם השנייה החלה
בספטמבר 1940, עם פלישתם של הכוחות האיטלקים בלוב אל תוך
שטח מצרים, שהייתה אז תחת חסותה של בריטניה. מטרתם של הכוחות
הייתה להשתלט על תעלת סואץ. מערכה זו כללה קרבות עזים, הפגזות
ופיצוצים שזרעו הרס רב, כשלעתים ידן של "בעלות הברית" הייתה
על העליונה ולעתים ידם של "כוחות הציר", קרי של גרמניה הנאצית
ואיטליה הפאשיסטית.

בתחילת המערכה התנהלו רוב הקרבות על גבול לוב-מצרים,
אך עם הצלחתן של "בעלות הברית" (ב-1942 הצטרפה ארה"ב) נעו
הקרבות עמוק אל תוך שטחה של לוב, ולבסוף גם אל תוך תוניסיה,
או במילותיו של המחבר: "אילו לקח מהם את טוברוק / ולא רדפו
אחריהם עד תוניסיה / דיינו. / אילו רדפו אחריהם עד תוניסיה / ולא
נעו אחריהם עד סיציליה / דיינו". במאי 1943, לאחר קרבות עיקשים
בתוניסיה, ואחרי ש"בעלות הברית" (בהובלת ארה"ב) יזמו מבצע החפה
מוצלח - מבצע "לפיד" (Operation Torch) - בו ביצעו נחיתת סער
מכיוון הים אל חופי מרוקו ואלג'יריה, נכנעו "כוחות הציר".

במהלך תקופה ארוכה זו, שנמשכה כשנתיים וחצי - ובהתאם
למדינות בהן התגוררו, ליחסי השלטונות כלפיהם, לרמת המעורבות
במלחמה ולנוכחות "כוחות הציר" בכל מדינה ומדינה - ספגו היהודים
פגיעות שונות. רבים פוטרו ממקומות עבודתם בעקבות חוקי הגזע,
תחומי עיסוק בהם היו רשאים לעבוד קודם המלחמה הושמו תחת
פיקוח ומכסות העבודה צומצמו. בתוניסיה, למשל, שהייתה תחת
שליטה גרמנית לפרק זמן קצר, סבלו היהודים מנוכחותם של חיילים

על מלחמת העולם השנייה ועל השואה בצפון אפריקה[1]

אברהם ויוני שניצר

"בבהילו במהרה באו האמריקנים" - כך נפתחת "הגדת היטלר" ושולחת את הקורא ל-8 בנובמבר 1942, ליום בו החל מבצע "לפיד", מבצע נחיתה-מן-הים אל חופי מרוקו ואלג'יריה בהובלת כוחות ארה"ב. מלים אלו מבטאות משהו מתקוותם של יהודי צפון אפריקה (ושל יהודי מרוקו בפרט) עם נחיתת הכוחות וסיומם של קרבות מלחמת העולם השנייה והשואה, אחד הזמנים הקשים בתולדותיהם.

השואה לא פסחה על יהודי צפון אפריקה: היהודים במרוקו, בתוניסיה ובאלג'יריה (שהיו תחת חסות שלטון וישי) והיהודים בלוב (שהיו תחת חסותה של איטליה הפשיסטית) סבלו משורה של גזרות קשות, חוקי גזע אנטי-יהודיים, ובמקרים מסוימים אף נשלחו למחנות עבודה וכפייה. עם זאת - בין אם נכללו מדינות צפון אפריקה בתכנית "הפתרון הסופי" של הנאצים ובין אם לאו - מיקומה של המערכה הצפון-אפריקאית

1 טקסט זה מבוסס, בין היתר, על המחקרים הבאים: הכרכים "מרוקו", "תוניסיה" ו"לוב" בסדרת הספרים "קהילות ישראל במזרח במאות התשע-עשרה והעשרים", בעריכת חיים סעדון (הוצאת מכון בן צבי); "יהודי צפון-אפריקה במלחמת העולם השניה", מאת מיכאל אביטבול (הוצאת מכון בן צבי); "יהודי צפון אפריקה בתקופת השואה" (הוצאת יד ושם); "יהודי לוב על סף שואה", מאת רחל סימון (פעמים 28); עם זאת, כל טעות הינה באחריות המחברים.

ואכן ישנם אלמנטים שעלולים להותיר רושם שמדובר בסאטירה על מלחמת העולם השנייה ועל השלכותיה על העם היהודי. מזיגת הדיבור העממי בתבניות הלשון המסורתיות מן ההגדה של פסח (בעברית מקראית, בארמית או בלשון המשנה) ובתיווך השרח (התרגום) לערבית-יהודית הוליד תוצאות משעשעות ואף פרודיות לכל אורך ההגדה. ואולם, גם אם עולה מן החיבור רושם אופטימי, אפילו אופורי ולעתים אף משעשע, יש לזכור כי הוא מתאר בעיקר מאורעות נוראיים והרי גורל, שנסתיימו באסון ובשואה בעבור רבים, ואשר הילכו אימים על מאות אלפי יהודים ובכללם מחבר ההגדה. נוסף על המסכת ההיסטורית וסגנון היצירה, אי אפשר להתעלם ממאפיין בולט אחר המאפיין יצירות נוספות מסוגה זו, והוא תחושת הסולידריות והעמיות היהודית, הקושרת בין יהודי אירופה ויהודי צפון אפריקה.

הברית" להפליא בגרמניה מכות צבאיות קשות, ובהקשר זה מתוארות בפרט גיחותיהם של מטוסי הקרב והמפציצים הכבדים של חיל האוויר האמריקני והבריטי לעבר ערי גרמניה. שני מאורעות היסטוריים קיבלו בהגדה מעמד מיוחד, כפי שעולה בבירור מן המבנה הספרותי של העלילה: המאורע הראשון, שהמחבר הזכירו כמה וכמה פעמים, הוא נחיתת הכוחות הבריטיים והאמריקניים בצפון אפריקה ב-8 בנובמבר 1942, שהחלה את מבצע "לפיד". עד כמה היה מאורע זה מרכזי בעיני המחבר אפשר ללמוד מהביטויים החריגים הנלווים להזכרתו למן שורת הפתיחה ואילך. מרכזיות זו מבטאת את תפיסתו של המאורע כמעשה הצלה, תפיסה שרווחה מאוד בקרב יהודי המגרב באותה העת. המאורע השני הוא ביטול חוקי הגזע נגד היהודים ("תקנון היהודים", Le statut des Juifs), מעשה המיוחס בהגדה לדה-גול "בכבודו ובכוחו". ההכרזה הרשמית על ביטול התקנון הייתה באמצע חודש מרס 1943 אך קדמו לה כמה צעדים חיוביים, שראשיתם בוועידת קזבלנקה.

השתלשלות האירועים ממבצע "לפיד" ועד ביטולם בפועל של חוקי הגזע מתוארת בתמצית בקטע "על אחת כמה וכמה": "גירשום ממצרים / ועשו בהם שפטים / ולקחו מהם את טוברוק / ורדפו אחריהם עד תוניסיה / ורדפו אותם עד סיציליה / והחריבו את עריהם / והשיבו את היהודים לעבודותיהם / והצילו לנו את אבותינו / וביטלו את תקנון היהודים / ושבו היהודים למשרותיהם / וביקשו לקחת אותנו כולנו לפלשתינה / לכפר על כל עוונותינו". סביר להניח כי סמיכות הפרשיות ההיסטורית בין שני האירועים האלה היא שהולידה גל תגובות שמחה בקרב יהודי מרוקו, ואפשר שזה היה הרקע להחלטתו של נסים בן שמעון לכתוב את חיבורו.

קריאה בטקסט מותירה כמה רשמים בעניין סגנונו של החיבור. חלקים ממנו קומיים וקריאתם עשויה בהחלט לעורר צחוק ולעיתים אף גיחוך,

פסח, דהיינו מן המלים "בבהילו יצאנו ממצרים" (הקודמות לקטע "הא לחמא עניא" כמנהג חלק מקהילות צפון אפריקה) ועד הקטע "לפיכך אנחנו חייבים להודות", שלפני ההלל. אך בעוד ההגדה של פסח הינה טקסט רב מבעים - מזמנים וממקורות ספרותיים שונים - וכוללת פסוקי מקרא, קטעי מדרש, דברי חכמים, תיאורים ריטואליים וכמובן גם נרטיב טהור (סיפור יציאת מצרים), ב"הגדה די היטליר" בוטלו לחלוטין ההבחנה בין סוגי המבעים השונים והריטואלים של ליל הסדר, וכל אלה הומרו בנרטיב ובקווים עלילתיים של מאורעות מלחמת העולם השנייה. היא יוצקת, אם כן, אל תוך המבנה המסורתי של נוסח ההגדה את המסכת ההיסטורית של מאורעות המלחמה, מגוללת את סבלות היהודים מנקודת מבטם של יהודי מרוקו ומלמדת פרק בקורות יהודי צפון אפריקה בצל נוראות המלחמה.

באמצעות פירוש אלגורי מורכב הסב המחבר את סיפור גאולתם של בני ישראל ממצרים לסיפור הצלתם של יהודי צפון אפריקה מפלישת הנאצים בעקבות ניצחונן של "בעלות הברית". סיפור ההצלה והניצחון הצבאי עומדים במוקד הנרטיב ההיסטורי ביצירה ושואבים אליהם את רוב המבעים והדימויים האלגוריים. מארבעת המרכיבים הבסיסיים בעלילה שבהגדה של פסח - הירידה למצרים, השעבוד בפרך, מכות האל במצרים והיציאה ממצרים - רק שניים הומרו בצורה שיטתית לקורות מלחמת העולם: מסכת הסבל והתלאות שמצאו את היהודים בתקופת המלחמה והמכות שהפליאו "בעלות הברית" בגרמנים.

המאורעות המוקדמים ביותר המתוארים בהגדה בפירוט יחסי אירעו במסגרת המערכה הצבאית הגדולה בצפון אפריקה במבצע "מצפן", מדצמבר 1940 ועד פברואר 1941, ואילו המאוחרים שבהם - הדיפת "מדינות הציר" עד תוניסיה ועד סיציליה - באביב ובקיץ 1943.
ועידת קזבלנקה (ינואר 1943) מוצגת כראשית הקץ בתכניתן של "בעלות

הפוליטיים שסקר ביצירתו ואופן הצגתם מורים על מידה לא מבוטלת של מודעות פוליטית: הכותב הביע ביצירתו תמיכה גלויה ב"בעלות הברית" ובמנהיגיהן, ובולטת גם הזדהותו המלאה עם הגנרל דה-גול, עם הגוליסטים בכלל ועם תנועת ה'רזיסטנס' (La Resistance), תנועת ההתנגדות לשלטון הנאצי שפעלה במחתרת בצרפת, והערצתו אותם.

מבחינת סגנונה, שייכת ההגדה לקבוצה של יצירות ספרותיות וחיבורים עממיים שנכתבו במגרב באותה עת, אשר מוסרים תיאור היסטוריוגראפי של מאורעות מלחמת העולם כפי שהכירום מחבריהם, ערוך במסגרת של סוגות דתיות ועממיות שמקורן במסורת התפילה או בטקסטים אחרים הנקראים במעגל השנה היהודי, למשל קינה, קצידה או סיפורי מעשה, הערוכים כקינות לתשעה באב או כנוסח מגילת אסתר. עם זאת, ככל הידוע, לבד מן ה"הגדה די היטליר" לא נתחברה במרוקו עוד יצירה שבסיסה הספרותי הוא ההגדה של פסח.

עיון בחיבורים הרבים מן הסוגה הספרותית אליה שייכת "הגדה די היטליר" מלמד על ההתלהבות הרבה שהניעה יהודים להעמיד חיבורים חדשים בנוסחאות מסורתיות, אשר באמצעותם יוכלו לציין לדורות את המאורעות הכבירים ורבי הרושם שאירעו לבני עמם. בחלק מן המקרים אפשר להצביע על קשר ישיר בין הדחף הספרותי לבין המגמה הדתית-התרבותית לקבוע בלוח השנה ימי חג וזיכרון חדשים לציון המאורעות לדורות, כדוגמת "פורים היטליר" שנִתקן ונחוג בקזבלנקה, ושהונהגה בו קריאת מגילה מיוחדת המגוללת את פרשת הצלת היהודים בעקבות נחיתת כוחות "בעלות הברית" במרוקו ובאלג'יריה. ואולם נראה כי דינה של "הגדה די היטליר" אינו כן, וכי אין הכרח להניח שמחברהּ ביקש לייסד באמצעותה מנהג חדש שייקבע לדורות. סביר להניח שהמניע לכתיבתה היה ספרותי הרבה יותר מאשר מסורתי או דתי.

ה"הגדה די היטליר" נסדרה בדיוק על פי חטיבת ה"מגיד" בהגדה של

מה נשתנה הלילה הזה
מליל תְּרַאנְת נוּף?[1]

אבישי בר-אשר

"הגדה די היטליר" נתחברה במרוקו ונדפסה ברבאט במהלך מלחמת העולם השניה. על אף ששנת הדפסתה אינה מצוינת בעמוד השער, המאורעות ההיסטוריים הנזכרים בה מסייעים לקבוע כי נכתבה בין השנים 1943-1944. זהות מחברהּ, נסים בן שמעון, אינה נזכרת בתעודות אחרות, ולהוציא שמו העברי - המופיע בשער ההגדה ללא ציון שם משפחתו וללא שמו הצרפתי - אין בידינו מידע על אודותיו (השם "Simon Coiffeur" - "שמעון, סַפָּר" המופיע בשער, ספק שמו של בעל ההוצאה, ספק כינויו הצרפתי של אבי המחבר - אף הוא אינו מוכר לנו מתעודות אחרות).

עיון בטקסט מעיד כי לשונותיו של המחבר היו הערבית-היהודית של יהודי מרוקו והצרפתית, ששימשוהו כנראה זו לצד זו בערבוביה. מחבר ההגדה היה ללא ספק בקיא באירועי המלחמה, ומן הסתם מקור ידיעותיו היה בעיקר העיתונות הצרפתית בת התקופה. האירועים

1 טקסט זה מבוסס על מאמרו של ד"ר אבישי בר-אשר, "מה נשתנה הלילה הזה מליל תראנת נוף? הגדה די היטליר ממרוקו", שהתפרסם ב"פעמים", רבעון לחקר קהילות ישראל במזרח, חוברת 114-115, חורף-אביב תשס"ח (ינואר 2008), עמ' 137-196, ומתפרסם כאן באדיבותו.

הביטוי "פחאל מה קאל לפסוק" ("כמו שאמר הפסוק") הוחזר ללשון ההגדה ותורגם בתור "כמה שנאמר", "כמו שנאמר", או "שנאמר". כן לגבי הביטוי "אלאה ברוך הוא", שפירושו המילולי הוא "אלוהים ברוך הוא", אשר תורגם כאן כפי לשון המקור מן ההגדה של פסח, ל"המקום".

התרגום העברי מופיע כאן מול הנוסח המקורי, פסקה-מול-פסקה במידת האפשר. כמו כן, נשמרו בו סימני הפיסוק המקוריים בהם השתמש המחבר, אף על פי שנראה כי שימושו בהם היה לעתים אקראי ולא עקבי.

הערה על התרגום העברי

"הגדה די היטליר" מתבססת על תבנית ההגדה של פסח, אך חשוב לזכור כי לצד נוסח ההגדה העברי-ארמי, עמד לנגד עיני המחבר גם ובעיקר ה"שרח" - תרגום ההגדה לערבית-יהודית (באותיות עבריות), ולמעשה עליו התבסס ביצירתו. הרעיון הספרותי להמיר את לשון ה"שרח" של ההגדה ואת סגנונה בסיפור חלופי הוביל במידה רבה לכך שהיצירה שלפנינו היא בכללותה משחק לשוני רחב היקף. חידושו הצורני הבולט של המחבר הוא תוספת החריזה ברוב קטעי ההגדה, תוספת שלא נשמרה בתרגום העברי. על כן, ניסיון המחבר למצוא מקבילות לשוניות לאוצר המילים שבשפת המקור הצמיח עושר של חילופי שמות וביטויים, אשר חלקם מתבארים מיד לאור השוואת התרגום החוזר למקור העברי בהגדה של פסח, בעוד חלק אחר יערב רק לאוזנם של דוברי ערבית-יהודית. מטבע הדברים, רק מעט מססגוניות זו (שנעדרת מן ההגדה של פסח לחלוטין), נשמר בתרגום העברי.

בתרגום נשמרה - במידת האפשר - הלשון המקורית של ההגדה של פסח, על רבדיה השונים: לשון המקרא, ארמית ולשון חז"ל. לדוגמה,

לפיכך לכדאך חנא מלזומין - נסכרו פרדוסיא - נסבבחו לסתאין - נבההזו פלינגליז - נפככרו פלאמיריך - נררפעו פלגוליסת - ונקלסו דו־גול . די עמל זהדו לזודנא ולינא - פזמיע תזריבאט האדו - כררזונא ליזאיי מן לעבודייא לתחריר - ומן לאסירין לדאנסינג . ומן לאריסתריכסיון דצ׳למא - לצ׳אוו כביר - ונקולו לקדדאמהום סכרו אלאה :

לפיכך לפיכך אנחנו חייבים – להודות לרוסיה – [להלל ו]לשבח את סטלין – להדר את האנגלים – לפאר את אמריקה – לרומם ולעלה את הגוליסטים – ולקלס את דה-גול = שגילה עוצמתו לאבותינו ולנו בכל הניסיונות האלה – הוציאונו בעלות הברית מעבדות לחירות – ומאזעקה לריקוד = ומהגבלה של אפלה – לאור גדול – ונאמר לפניהן הללויה :

ויסלך פליהוד . הווא ולאגיסתאפו מעוולין עלינא . וזאוו ליזאלליי ודרבו פבירלין ודיארנא פך . ורבע לקאווס ובאייעו :

מצה זו טאיאן האדא די חנא נקאתלו . עלא סבבת אס .

עלא סבבת די מוסוליני מחזום בהיתליר ויקול ענדאך תגדרוני . וחרך עליהום מונגומירי מא כמרס עזינהום למאכארוני . ותזללאו עליהום לאויתיים ארמי . והרבו דגיא . וכבזו דאך לעזין ועמלוה ספאכיתי . חין טרדוהום מן מאצאר ומא קדרוס יתקבו . וחתא לא צום לא מן עמלו אילהום :

מרור זאפון האדא די חנא נקאתלו . עלא סבבת אס . עלא סבבת די גדר לאמיריך וסארו חאצלין פיהא . כא תחרק ותקתל פיהום מן כלל זיהא ‑ ותקאדאהום ראוז ‑ פחﭏ מא קﭏ לפסוק ומרארת חיאתהום מעא שינוא ‑ די כא יקתלו פיהום לעזובא :

בכל דור ודור פזמיע זיל וזיל מוזוד לגוליסת ‑ די יקבד היתליר ויכררזלו רוחו ‑ כאיננו הווא כארז מן לאריזיסטאנץ פחﭏ מא קﭏ לפסוק ‑ די לאיים ואחד בוחדו ﭏי קתלנא ‑ די כאן מעאהום ‑ אילדﭏ לורוף למוללפא די תכללצנא מנהום ‑ לסבבת יעארפו בחק לאריזיסטאנץ ‑ די חלפנא ביה לזודנא :

הוא והגסטפו זוממים כנגדנו. ובאו בעלות הברית בנגפן את ברלין ואת בתינו הצילו. וַיִּקֹּד העם וישתחוו :

מצה זו איטליה זו שבה אנו נלחמים. על שום מה. על שום שמוסוליני כרוך אחרי היטלר ואומר הישמר פן תבגדו בי. והניע עליהם את מונטגומרי ולא הספיק בצקם להחמיץ למקרוני. ונגלתה עליהם הארמייה השמינית. וינוסו מיד. ויאפו את הבצק ועשו אותו ספגטי. כאשר גירשום ממצרים ולא יכלו לנקב [את הבצק]. וגם צום לא עשו להם :

מרור יפן זו שאנו נלחמים בה. על שום מה. על שום שבגדה באמריקה ונלכדו ברשתה. והנה היא שורפת והורגת בהם מכל צד = ואזל להם האורז – שנאמר ויהיו חייהם מרים עם הסינים = אשר הרגו בהם בפלא :

בכל דור ודור בכל דור ודור מוכן הגוליסט – שילכוד את היטלר ויוציא לו את נשמתו = כאילו הוא יצא מן ה"רזיסטנס"[13] שנאמר – שלא אחד בלבד מאלה שהיו עמהם – הרגנו – אלא אלפי אלפים נפרענו מהם – למען ידעו את זכות ה"רזיסטנס" – שנשבענו בה לאבותינו :

13 La Résistance, תנועת ההתנגדות, המרי, שם כללי לתנועות ההתנגדות שלחמו בגרמנים ובממשלת וישי בצרפת.

יכפאנא - לוכאן פכו זדודנא - ולא מן חאיידלנא דו־גול ליסתאתו דו זויף יכפאנא - לוכאן דו־גול חאיידלנא ליסתאתו דו זויף - ולא מן ררד ליהוד לפלאייצהום יכפאנא - לוכאן רזעו לפלאייצהום ברגיב - ולא מן רוזוילט חב יעבבינא לפאיסתין יכפאנא .

על אחת עלא וחדא קדדאס וקדדאס . מליחא ומתנייא ומתללתא ומרבבעא ומכממסא . ללאה ברוך הוא עלינא . טררדוהום מן מאצאר . עמלו פיהום סראייע . עבבאולהום תוברוך . זרראו עליהום חתא לתונס . חרכו עליהום לסיסיליא . הדמו עליהום בלדאנהום . ררדו ליהוד לכדאיימהום . פככו אילנא זדודנא . חאיידולנא ליסתאתו די זויף - רזעו ליהוד לפלאיצהום . והבבו יעבביונא כאמלין לפאיסתין . באס יגפרו לינא זמיע דנובאתנא :

רבן גמליאל רבן מונגומירי כאן יקול . זמיע די מא קאל תלאתא דנאס האדו פפסח . לא מן יכרז קדר תלזימו . והאדו הומא לאמאן טאיאן וזאפון :

פסח לאמאן הארא די חנא נקאטלו . עלא סבבת אס - עלא סבבת פייאם די כאנת דניא תאבתא . כאנו זדודנא תממא חאצלין . פחאל מא קאל לפסוק . ותקולו כא ידבח

דה-גול את תקנון היהודים[12] דיינו – אילו ביטל דה-גול את תקנון היהודים – ולא השיב את היהודים למשרותיהם דיינו – אילו שבו היהודים למשרותיהם בתחינה – ורוזוולט לא היה רוצה לקחתנו לפלשתינה דיינו.

על אחת על אחת כמה וכמה. טובה ומכופלת ומשולשת ומרובעת ומחומשת. למקום עלינו. גירשום ממצרים. ועשו בהם שפטים. ולקחו מהם את טוברוק. ורדפו אחריהם עד תוניסיה. ורדפו אותם עד סיציליה. והחריבו את עריהם. והשיבו את היהודים לעבודותיהם. והצילו לנו את אבותינו. וביטלו את תקנון היהודים – ושבו היהודים למשרותיהם. וביקשו לקחת אותנו כולנו לפלשתינה. לכפר על כל עוונותינו :

רבן גמליאל רבן מונטגומרי היה אומר. כל מי שלא אמר שלושה עמים אלה בפסח. לא יצא ידי חובתו. ואלו הם גרמניה, איטליה ויפן :

פסח גרמניה זו שבה אנו נלחמים. על שום מה – על שום שבימים שהיה העולם יציב. היו אבותינו לכודים שם. שנאמר. ואמרתם הוא טובח ביהודים ומפשיט את עורם.

12 Le Statut des Juifs – "תקנון יהודים" ("חוק מעמד היהודים").

רבי עקיבא רבי מונתגומירי ואיכסאנדר כאן יקול - מנאיין די זמיע דרבא ודרבא - די זאבו ליזאיי עלא לאמאן - כאנת די כמס דרבאת - פחא מא קא לפסיק - יצללט עליהום לא רואיא איר פורץ - לא פורטרים בולאן - ליסאסור ולמוסכיתו • ולבומבארדייי לורד • לא רואיא איר פורץ ואחד - לא פורטרים בולאן זאוז - ליסאסור תלאתא - ולמוסכיתו רבעא - ולבומבארדיי לורד כמסא - קול מן דאבא פי בירלין נדראבו כמסין דרבאת - ועלא האמבורג נדראבו מיאתאיין וכמסין דרבאת :

כמה מעלות סחא מן טאנגאת מוזודין אלאה ברוך הוא ינזזינא - לוכאן טרררוהום מן מאצאר - ולא מונתגומירי עמל פיהום שראייע יכפאנא - לוכאן מונתגומירי עמל פיהום שראייע - ולא מן עבבאהום תוברוך יכפאנא - לוכאן עבבא אילהום תוברוך - ולא מן זראו עליהום חתתא לתונס יכפאנא - לוכאן זראו עליהום חתתא לתונס - ולא מן חרכו עליהום לסיסיליא יכפאנא - לוכאן חרכו עליהום לסיסיליא - ולא מן הדמו בלדאנהום יכפאנא - לוכאן הדמו בלדאנהום - ולא מן רדדו ליהוד לכראמיהום יכפאנא - לוכאן דו-גול רדד ליהוד לכראמיהום - ולא מן פככו זרודנא

רבי עקיבא רבי מונטגומרי ואלכסנדר[11] אומר - מניין שכל מכה ומכה - שהביאו בעלות הברית על גרמניה - הייתה של חמש מכות - שנאמר = ישלח בם את חיל האוויר המלכותי - את "המבצר המעופף" - את מטוסי הקרב ואת ה"מוסקיטו". [משלחת] מפציצים כבדים. חיל האוויר המלכותי אחת - "המבצר המעופף" שתיים - מטוסי הקרב שלוש - וה"מוסקיטו" ארבע - [משלחת] מפציצים כבדים חמש - אמור מעתה בברלין לקו חמישים מכות - ובהמבורג לקו חמישים ומאתיים מכות :

כמה מעלות כמה טנקים מוכנים המקום יצילנו - אילו גירשום ממצרים - ומונטגומרי לא עשה בהם שפטים דיינו - אילו מונטגומרי עשה בם שפטים - ולא לקח מהם את טוברוק דיינו - אילו לקח מהם את טוברוק - ולא רדפו אחריהם עד תוניסיה דיינו - אילו רדפו אחריהם עד תוניסיה - ולא נעו אחריהם עד סיציליה דיינו - אילו רדפו אחריהם עד סיציליה - ולא החריבו את עריהם דיינו - אילו החריבו את עריהם ולא השיבו את היהודים לעבודותיהם דיינו - אילו השיב דה-גול את היהודים לעבודותיהם - ולא הציל את אבותינו דיינו - אילו הצילו את אבותינו - ולא ביטל

11 Alexander, הרולד אלכסנדר, פילדמרשל בצבא הבריטי אשר פיקד על המערכה בצפון אפריקה ועל המערכה בזירת הים התיכון במלחמת העולם השנייה.

תימושינכו כאן יעמל פיהום לימאייר רצ"ך עד"ש באח"ב

רבי יוסי הגלילי רבי יוסף סתאלין כאן יקול . מנאיין
נתא תקול די נדראבו לאמאן פבירלאן עשר
דרבאת - ועלא האמבורג נדראבו כמסין דרבאת : פבירלין
אם הווא יקול . קאלו לכבאר להיתליר . האדא סכט אלאה
האמבורג כלאוהא חתא חיט מא כללאהא · ורא ישראל
לימארא לי עמל אלאה · וכאפו לגנום מן אלאה . ואמנו
באלאה ובליזאיי :

כמה למו סהאל נדראבו פלאלמאן עשר דרבאת . קול מן
דאבא פבירלין נדראבו עשר דרבאת . ופהאמבורג
כמסין דרבאת

רבי אליעזר רבי כולוניל כנוכס יקול . מנאיין די זמיע
דרבא ודרבא בתאמאן . די זאבו ליזאיי
עלא לאמאן - כאנת די רבע דרבאת - פחא מא קא לפסוק-
יצללט עליהום לא רואיא-איר-פורץ - לא פורטריץ בולאן -
ליסאסור ולמוסכיהום - לא רואיא איר פורץ - ואחד -
לא פורטרים בולאן זאוז - ליסאסור תלאתא - ולמוסכיתו
רבעא - קול מן דאבא פבירלין נדראבו רבעין דרבאט -
ופהאמבורג מיאתאיין דרבאט :

רבי טימושנקו היה נותן בהם סימנים דצ״ך עד״ש באח״ב [:]

רבי יוסי הגלילי רבי יוסף סטלין אומר. מניין אתה אומר שלקו הגרמנים בברלין עשר מכות – ועל המבורג לקו חמישים מכות: בברלין מה הוא אומר. ויאמרו הבכירים להיטלר. חרון אף אלוהים הוא [.] החריבו את המבורג ולא השאירו בה קיר. וירא ישראל את המופת אשר עשה ה׳. וייראו הגויים את ה׳. ויאמינו בה׳ ובבעלות הברית:

כמה לקו כמה לקו בגרמניה [לקו] עשר מכות. אמור מעתה בברלין לקו עשר מכות. ובהמבורג [לקו] חמישים מכות [:]

רבי אליעזר רבי קולונל קנוקס[10] אומר. מניין שכל מכה ומכה קצובה. שהביאו בעלות הברית על גרמניה – הייתה של ארבע מכות – שנאמר – ישלח בם את חיל האוויר המלכותי – את ״המבצר המעופף״ – את מטוסי הקרב ואת [מטוסי] ה״מוסקיטו״ – חיל האוויר המלכותי – אחת – ״המבצר המעופף״ שתיים – מטוסי הקרב שלוש – וה״מוסקיטו״ ארבע – אמור מעתה בברלין לקו ארבעים מכות – ובהמבורג [לקו] מאתיים מכות:

10 Knox, פרנק נוקס, מזכיר הצי של ארצות הברית בממשל רוזוולט במשך מרבית שנות מלחמת העולם השנייה.

פומאל, ופלבגר, טאנגאט קויין בזואף :

ובזרוע ובדרע ממדודא האדי למיתראיוז . פחא מא קא לפסוק

ולמיתראיוז כול עסכרי פיידו - מוזזדהא עלא לאימאן :

ובמורא ובמוכיף כביר האדא סתאין - פחא מא קא לפסוק

האודא תוריב רוסיא באס תאכדלו - בלאד מן אוצט

בלאד - גיר בלחילא ולמחארבא תעבבילו - ובלעזאייב די

סתאינגראד - די ביינאכום לחדרתך :

ובאותות ובלימאייר האדא לאנס-פלאם . פחא מא קא לפסוק .

ולאנספלאם האדא די תאכד פיידך . די תטייח ביה למלאין :

ובמופתים ובלעזאייב אזי והדם . פחאל מא קאל לפסוק .

ונחרקוכום מן סמא ומן לארד . לעאפיא ונאר

ומסאהב דככאן :

דבר אחר כלאם אכור בלאמיתראיית זאווז . בלאנס-פלאם

זאווז . ובלמוסכיתו זאווז . ובלאפורתרים- בולאן

זאווז . ובטאנגאת זאווז . ובלבומבארדמאן זאווז :

אלו האדו עשר דרבאת די זאבו ליזאליי עלא לאמאן . והאדו

הומא . לאפרופאגאנד , לבומבארדמאן , לכלעא ,

לאסירין , טפיאן דאוו , ליתראנשי , סקיט לחבלאת הרוב

מן לבלדאן , תכביאת פלאכאב , למארשי נואר , רבי

טנקים חזקים מאוד:

ובזרוע ובזרוע נטויה זה המקלע. כמה שנאמר והמקלע בידי כל חייל – מוכן כנגד הגרמנים:

ובמורא ובמורא גדול זה סטלין – כמה שנאמר או הניסתה רוסיה לבוא לקחת לה – ארץ מקרב ארץ – כי אם בתחבולה ובמלחמה תיקח מאתו – ובמוראים הגדולים של סטלינגרד ככל אשר הראה לכם לעיניך:

ובאותות ובאותות זה הלהביור. כמה שנאמר. ואת הלהביור הזה תיקח בידך. אשר תפיל בו מיליונים:

ובמופתים ובמופתים בוא וְכַלֵּה. כמה שנאמר. ונשרוף אתכם מן השמים ומן הארץ. אש ולהבה ותמרות עשן:

דבר אחר דבר אחר במקלעים שניים. בלהביורים שניים. ובמטוסי "מוסקיטו"[9] שניים. ובמפציצי "המבצר המעופף" שניים. ובטנקים שניים. ובהפצצות שתיים:

אלו אלו עשר המכות שהביאו בעלות הברית על הגרמנים בגרמניה. ואלו הן. תעמולה, הפצצות, בהלה, אזעקה, כיבוי אורות, שוחות, הפלת ולדות, בריחה מן הערים, הסתתרות במרתפים, שוק שחור.

9 מטוסי הקרב "דה הווילנד מוסקיטו" (DH.98 Mosquito).

ארץ . פחא מא קא לפסוק . סאפו לערַאב די מערדבין
ולאד ישרא · וחננו עלינא :

ואת עמלנו וסקאנא למראייר האדו לולאד . פחא מא קא
לפסוק . וצצא היטליר לזמיע לא גיסטאפו ליקול . זמיע
ליהודי די תקבדו תרמיוה פזזיר . ותזיבו נאס יתפררזו :

ואת לחצנו וחצלאננא די חצלנא פידיהום . פחא מא קא
לפסוק . חתתא ואחד בלמחננא מא פיהום - מן
סגירהום חתתא לכבירהום :

ויוציאנו וכרזזנא זנירא דו־גול - לאיים עלא ייד לגיר .
ולאיים עלא ייד לאבא . ולאיים עלא ייד דורין - אילא
זנירא ידו־גול . בוקארו ובקוותו . פחא מא קא לפסוק . ודוזת
פארד פראנסא פלילא האדיך . ודרבת נאזי מן סגיר חתתא
לכביר . מן בנאדם חתתא לבהמה . ופזמיע לכבאר די היטליר
נעמל שראייע אנא דו־גול :

ועברתי ודוזת פארד פראנסא פלילא האדיך - ודרבת זמיע
נאזי אנא ולאיים לאבא - ועמלת שראייע פהיטליר.
אנא ולאיים דורין - אנא דו־גול אנא הווא ולאיים אכור :

ביד חזקה בייד קוייא האדא טאנג - פחא מא קא לפסוק
פחא אילא סכט אלאה זאייא בלקווא - כא ידכל פלכיל ,פלחמיר

כמה שנאמר. ויראו את העינויים אשר מתענים בני ישראל
וירחמו עלינו :

ואת עמלנו ואת עמלנו[.] המרורים אלו הבנים. כמה שנאמר
ויצו היטלר את כל הגסטפו לאמור. כל יהודי אשר תתפסו
אל הסיד תשליכוהו. ותביאו אנשים להסתכל :

ואת לחצנו ואת לחצנו שנלחצנו בתוכם. כמה שנאמר. וגם
מרחם אחד אין בהם – מקטנם ועד גדולם :

ויוציאנו ויוציאנו הגנרל דה-גול – לא על ידי מלחמה. ולא על
ידי לאוואל[7] ולא על ידי דוריו[8] – אלא הגנרל דה-גול.
בכבודו ובכוחו. שנאמר. ועברתי בארץ צרפת בלילה ההוא. והכיתי
את הנאצים מקטן ועד גדול. מאדם ועד בהמה. ובכל בכירי היטלר
אעשה שפטים, אני דה-גול :

ועברתי ועברתי בארץ צרפת בלילה ההוא – והכיתי כל נאצי
אני ולא לאוואל – ואעשה שפטים בהיטלר אני ולא דוריו
– אני דה-גול אני הוא ולא אחר :

ביד חזקה ביד חזקה זה הטנק – כמה שנאמר כחרון אף
אלוהים בא בכוח – חודר בסוסים בחמורים בגמלים ובבקר

---

7 Laval, פייר לאוואל, ראש ממשלת צרפת של וישי.
8 Doriot, ז'אק דוריו, פוליטיקאי צרפתי, מייסד ומנהיג "המפלגה העממית הצרפתית",
מפלגה ימנית-קיצונית פרו-נאצית.

וירעו וקבבחו לינא ליטליריין . פחא מא קא לפסוק .
ועלדבונא ורסמונא בטראף צפרין :

וירעו וקבבחו אילנא פחא מא קא לפסוק . לגנס דליהוד קוי-
עלינא . אראו נתכייסו ונזליוה מן הינא . ונכתתרו מעאה
לא סאנכיים כולון פינא . ויתכללטו חתתא הומא מעא
כארהיננא . ויכבברו לינא די יסיר פי כול ארד :

ויענונו ועדרבונא פחא מא קא לפסוק . וזעלו לגלותיי
פחומתנא ולאגיסטאפו תעדדב פכדמתנא . ובנאו כאמפ
דלא כונסתראסיון . פלקיהרא די בירלין :

ויתנו ורסמונא בטראף צפרין . פחא מא קא לפסוק . ורסמו
לא גיסטאפו . ולאד ישרא בלבראצאר .

ונצעק וגייטנא ילא רוזוילת תבארך שמייתו . פחא מא קא
לפסוק מאת האמבורג וטלע היטליר פמכלייתו .
ותנההדו ולאד ישרא מן לעדאב וגייטו . ושמע גיטתהום
רוזוילט מן לכדמא :

וישמע ושמע רוזוילט גיטתנא פחא מא קא לפסוק . ושמע
רוזיולט גיטתהום . הווא ושורשיל תפכברו חסיפתהום
מעא לינגליז ומעא לאמיריך, ומעא סתאלין :

וירא וראו גבננא, זמיע לגנוס די פא יעארפו דרך

וירעו וירעו אותנו ההיטלריים. כמה שנאמר. ויענונו ויסמנו אותנו בטלאים צהובים:

וירעו וירעו איתנו כמה שנאמר. הנה עם היהודים [רב ו]עצום ממנו. הבה נתחכמה לו ונגלהו מכאן. ונרבה עמו את הגיס החמישי בתוכנו. ויתערבו גם הם בשונאינו. ווידיעו לנו את אשר יקרה בכל ארץ:

ויענונו ויענונו כמה שנאמר. וישימו [עלינו] שרי מחוז בשכונתנו והגסטפו מתייגע [לענותנו] בסבלותינו. ויבנו מחנה ריכוז. בברלין הארורה:

ויתנו ויסמנו אותנו בטלאים צהובים. כמה שנאמר. ויסמנו הגסטפו. את בני ישראל ברצועות יה.

ונצעק ונצעק אל רוזוולט יתברך שמו. כמה שנאמר וימת הינדנבורג[6] ויעל היטלר במקום חורבנו. וייאנחו בני ישראל מן העינויים ויזעקו. וישמע שוועתם רוזוולט מן העבודה:

וישמע וישמע רוזוולט את נאקתנו כמה שנאמר. וישמע רוזוולט את נאקתם. ויזכרו הוא וצ׳רצ׳יל את תאוות נקמתם את האנגלים ואת האמריקנים ואת סטלין:

וירא ויראו את עָנְיֵנוּ, כל העמים שיודעים דרך ארץ.

6 במקור נכתב "האמבורג", אך נראה כי הכוונה להינדנבורג, נשיאה האחרון של רפובליקת ויימאר, שבתקופת כהונתו נתמנה היטלר לקאנצלר.

יעטל לזרודנא . די היטליר לא מן גור אילא עלא ליהוד .
וגובילס פתש לי יקללע כולסי . פחא מא קא לפסוק. לבדראע
די היטליר עדונא . והבטלהום למזל וסארו מקהורין באמר
אלאה ברוך הוא . ונזל עליהום סבט כביר קוי וכתיר :

וירד ונזל רומיל מן טריק מאצאר . מקהור והרבאן וראץ
מחנייא . יתכבעתו לא ויתיים ארמי בלבטר . תעלמו
מא נזל גיר לכטייא - איללא גיר יתגררק פיהא . פחא מא קא
לפסוק . וקא רומיל אילא היטליר פטריק לאיבי . תממא
מונתגומירי פסך לי קלבי . אין קוי זזוע פארד טאיאן . ודאבא
ראה חנא מהלוכין פארד תונסי :

במתי בנאס קלא פחא מא קא לפסוק . בשבעין רופלאן כא
תזי עלינא פכול טריק . ודאבא די זאו לא פורתרים
בולאן בתפריק . כיף נזום שמא לכתרא :

ויהי שם וכאן תממא לקאום כביר . יתעלם די כאנו
טאנגאת מוזודין בעדא . לעסכר קוי וכתיר . פחא מא קא
לפסוק . ונאס דרוסיא טמרו ודבבו ותקוואו בלעדרא . ותעממרת
לארד ביהום :

ורב וכתיר פחא מא קא לפסוק . למלאיין דלעצכר מוזודא
לחדרתך - וכתתרתי וכבברתי טאנגאת לזררתך . רופלאנים
יתצוובו פלאמיריך ויזיו , ורוסיא בלבדמא מגוודא :

לעשות לאבותינו. שהיטלר לא גזר אלא על היהודים וגבלס ביקש לעקור את הכל. שנאמר. הרמאי היטלר צוררנו. וייפול מזלם ורוחם נדכאה בדבר ה'. וירד עליהם חרון אף גדול עצום ורב :

וירד וירד רומל מדרך מצרים. אנוס ונסוג וראשו מורכן. ותלך בעקבותיו הארמייה השמינית מיד. מלמד שלא רק ירד לאבדן - אלא [גם] שקע בו. שנאמר. ויאמר רומל להיטלר בדרך לוב. שם קרע מונטגומרי את לבי. כי כבד הרעב בארץ איטליה. ועתה מובסים אנו בארץ תוניסיה :

במתי במתי מעט כמה שנאמר. בשבעים מטוסים שבאו עלינו בכל דרך. ועתה הנה באו מפציצי "המבצר המעופף"[5]. והם פזורים ככוכבי השמים לרוב :

ויהי שם ויהי שם לגוי גדול. מלמד שהיו טנקים מצויים שם. לצבא גדול ועצום. כמה שנאמר. ואנשי רוסיה פרו וישרצו [וירבו] ויעצמו בתחמושת. ותמלא הארץ אותם :

ורב ורב כמה שנאמר. מיליוני חיילים מוכנים לעינייך – ותרבי ותגדלי טנקים בשבילך. מטוסים נכונו באמריקה ויגיעו. ורוסיה מנצחת על המלאכה :

5 "מבצר מעופף" הוא כינוי למטוס הבואינג B-17, מפציץ כבד בשירות חיל האוויר האמריקני, שנודע בעיקר בקשר להפצצות הנרחבות על מפעלים גרמניים במהלך המלחמה.

יטיר . טירא נטיירוה מן הנא חתתא למכלייתו . ונכררזולו מדאפע אוכרין :

ואקח את אביכם וכודת אבוכום שורשיל פנהאר מברוך . ועבביתו לטריק טאיאן . וכתתרת קוותו . ועטית אילו תוברוך . ומנור מא חבה נקוותו . כלית מוסוליני פבן גאזי מטרוך . ועטיתו לאתריפוליתאן חתתא לפרונתייר די תונס . ולאמיריך מן לור ולינגליז מן לגדדאם :

ברוך שומר מבארך די עאון לאמיריך ולינגליז מבארך הווא . די מוסיו רוזוילת מכמם לו לחד . די יעמל סאיין תוקא פלאכונפיראנס דאנפא . פלהאעד באיין טרקאן - פחא מא קא לפסוק . וקאלהום רוזוילת עריף תערף . אין קויין חנא פשמא ופלבחר . ונהלכוהום ונעדדבוהום בלעראב לחרר . וחתתא לגנום די יכדמו מעאה נשארע אנא . ומנורא דאך נגלסו פלהנא לכתיר :

והיא שעמדה הייא רוסיא די וקפת לזהדנא ולינא · די לאיים היטליר בוחדו ואקף עלינא ליפנינא אילא מוסוליני וזיד וזיד . ואקפין עלינא ליפניונא . וליזאיי מבארכין הומא פכבונא מן ידיהום :

צא ולמד כרז ותעללם אס פתש לממזר די גוירינג .

נשאיר לו מקום שאליו יברח. נעיפהו מכאן עד למקום חורבנו. ונוצא כנגדו תותחים אחרים :

ואקח את אביכם ואקח את אביכם [את] צ׳רצ׳יל ביום מבורך. ואוליך אותו לדרך [ארץ] איטליה. וארבה את כוחו. ואתן לו את טוברוק. ומאחר שרציתי לגרום לו קורת רוח. השארתי את מוסוליני בבנגאזי נטוש. ואתו לו את טריפוליטניה עד גבול תוניסיה. ואת אמריקה מאחור ואת האנגלים מלפנים :

ברוך שומר ברוך עוזר לאמריקה ולאנגלים ברוך הוא. שמר רוזוולט חישב את הקץ. לעשות כמו שנאמר בוועידת אנפא[4]. בברית בין הדרכים = שנאמר. ויאמר אליהם רוזוולט ידוע תדע. כי חזקים אנו בשמים ובים. ונדכאם ונייסרם בעינויים קשים. וגם את הגויים אשר יעבדו עמו דן אנכי. ואחרי כן נשב בשלווה גדולה :

והיא שעמדה היא רוסיה שעמדה לאבותינו ולנו. שלא היטלר לבדו עמד עלינו לכלותינו אלא שמוסוליני ועוד ועוד. עומדים עלינו לכלותינו. ובעלות הברית ברוכות-הן הצילונו מידם :

צא ולמד צא ולמד מה ביקש גרינג הממזר.

4 ועידת קזבלנקה.

רשע היטליר דאס אם הווא יקול . לכדמא ולעראב כללהא
ﭏיהוד . ליהוד ולאייס אילו . ועלא די חבת תכרז רוחו
בלגדרא . כפר פליהיד . חתתא טﭏאן כא יגזו סנאנו ויקול
אילו . פלﭏיבי ולאפריך תקאדאתלי לעדרא . אילי ולאייס אילו .
ולוכאן מא תבבעתך מא נחצלו בזוז :

תם לאמיריך למליח אס הווא יקול . אס הארא ותקול אילו .
גיר ברופלאנים דיﭏנא נפככו דניא כאמלא . מן ייד לעדו :

ושאינו יודע ומוסוליני די מא יליקס להדרא . נתי תבדא
אילו פחﭏ מא קﭏ לפסוק . ותעללמו פנהאר לוולי
פאס חצל פלקהרא . לחצלא דליתיופי ותונס לעזיז . עמל
ﭏלאה נס וזאב לינגליז . כררזהום מן טריק מאצאר .
ומונתגומירי תבבעהום בלא חצאר . יקדר מן ראץ שהר .
יתעללם הווא והיטליר סריך . פאס זא לאמיריך ﭏאפריך .
יקדר מן מאזﭏ נהאר תעללם לתקול . פסבבת ליהוד לא מן
קולת אילא פסאעא . מן הנא לשבועות נתפככו מן לגלות :

מתחלה מן לוול כאן קוי קויא כבירא לחראמי די היטליר .
ודאבא קררבת רוסיא תקאדילו כדמתו . פחﭏ מא
קﭏ לפסוק . ותכללם סתﭏין לקאומו בלכיר . האגדא קﭏ
תימוסינכו פסתﭏינגראד . נחרכו עליה ומא נכלליוהס פאיין

רשע היטלר – רשע מה הוא אומר. העבודה והעינויים כולם ליהודים. ליהודים ולא לו. ולפי שעמדה רוחו לצאת בזעם. התאכזר ליהודים. גם איטליה תקהה את שיניו ותאמר לו. בלוב ובאפריקה אזלה לי התחמושת. לי ולא לו. ואילו לא הלכתי בעקבותיך לא היינו שנינו נלכדים :

תם אמריקה – טוב מה הוא אומר. מה זאת[.] ואמרת אליו. רק במטוסינו נציל את העולם כולו. מיד הצורר :

ושאינו יודע ומוסוליני – שאינו ראוי לדבר עליו. את פתח לו שנאמר והגדת לו ביום הראשון שבו נלכד במצוקה. בהילכדותן של אתיופיה ותוניסיה היקרה. ויעש אלוהים נס ויבֵא את האנגלים. ויוציאם מארץ מצרים. ומונטגומרי[2] רדף אחריהם ללא מצור. יכול מראש חודש. ילמד הוא והיטלר השותף. כאשר באו האמריקנים לאפריקה. יכול מבעוד יום[.] תלמוד לומר. בעבור היהודים לא אמרתי אלא בשעה [זו]. מעתה ועד שבועות נינצל מן הגלות :

מתחלה מתחילה היה היטלר הממזר חזק מאוד. ועתה התקרבה רוסיה לְכַלּוֹת את עבודתו. שנאמר ויאמר סטלין אל כל העם בטוב. כה אמר טימושנקו[3] בסטלינגרד. ננוע לעברו ולא

2 Montgomery, ברנרד לו מונטגומרי, פילדמרשל בריטי אשר עמד בראש הארמייה השמינית והוביל לדחיקת כוחות גרמניה הנאצית בראשות רומל אל מעבר לגבולות מצרים במערכה בצפון אפריקה במלחמת העולם השניה.

3 Timoshenko, סמיון טימושנקו, מצביא במלחמת העולם השנייה, מפקד חזית סטלינגרד ושר ההגנה של ברית המועצות בשנים 1940-1941.

מעשה זרא מעשה פייאם לכביר מוסוליני : היטליר וגורינג לממזר : ריבינטרוף וסיאנו טאיאני : כאנו מוזזדין בלחילא ותדביר : טול האדיך לילא . חתתא זאו מלאכי חבלה . והזזוהום יא סיארנא . ורמאוהום פלכושא דצבאח :

אמר רבי אלעזר קא מוסיו רוזוילט פריסכור : טראני אנא כיף ולד סבעין סנא . וזכית לי מדכור . הדים לאמאן פליאי בלכור : חתתא דרשהא מוסיו שורשיל : פחא מא קא לפסוק . תפככר אם עמלת פיהום לא ויתיים ארמי . פטריק מאצאר . טול ייאמך ווייאמי . נתפככר מאצאר . טול ייאם חיאתך ליאי . ולעלמא קאו . טול ייאם חיאתך מנין תזי לייאם דררוסיא :

ברוך המקום מבארך אלה ברוך הוא מבארך הווא : מבארך די זאב לינגליז ולאמיריך מבארך הווא מקאבלת רבעא דלולאד תכללמת תורה : לינגליז כיים . היטליר דאם . לאמיריך מליח . ומוסוליני מא יליקם להדרא :

חכם לינגליז לכיים אם הווא יקול : לא רואיא איר פורץ תכדם בלמעקול : חתתא נתי קול אילו : סחא מן רגיפא כא תתכל פפסח . כל רגיפא בבורא עלא למיצאח בלכור צחאח :

מעשה אירע מעשה בימי מוסוליני הגדול: היטלר וגרינג הממזר: ריבנטרופ וצ׳אנוי[1] האיטלקי: שהיו מתכוננים בתחבולה ועצה: כל אותו הלילה. עד שבאו מלאכי חבלה. וטלטלום הו רבותינו. והשליכום לתנור השחר:

אמר רבי אלעזר אמר מר רוזוולט בנאום: הרי אני כבן שבעים שנה. וזכיתי שתיזכר. הריסת גרמניה בלילות בהפגזות: עד שדרשה מר צ׳רצ׳יל: שנאמר. למען תזכור את אשר עשתה בהם הארמייה השמינית. בדרך ארץ מצרים. כל ימי חייך וימיי. אזכור מה אירע. כל ימי חייך הלילות. וחכמים אומרים. כל ימי חייך להביא לימות רוסיה:

ברוך המקום ברוך המקום ברוך הוא: ברוך שהביא את האנגלים ואת אמריקה ברוך הוא [:] כנגד ארבעה בנים דיברה תורה: אנגליה חכם. היטלר רשע. אמריקה טוב. ומוסוליני שאינו ראוי שידברו בו:

חכם אנגליה – חכם מה הוא אומר: חיל האוויר המלכותי פועל בחכמה: ואף אתה אמור לו: כמה מצות נאכלות בפסח. כל מצה בפצצה על המצח בפצצות חזקות:

1 Ciano, גליאצו צ׳אנו, שר החוץ בממשלת מוסוליני.

הגדה די היטליר

בבהילו בזורבא זאו לאמיריכאן :

הא לחמא האד לוזוה דעאף . די כאנו ענד זדודנא בבלעא

די היטליר : זמיע זיעאן יתסארא ויכאף . זמיע למחראז ברדעדא כא יטיר : האד סנא הנא . סנא זאייא פלהנא . האד סנא הנא בלמארסי נואר : סנא זאייא פי פאיסתין אולאד לחראר :

מה נשתנה אם נאחיא לילא האדי . מן לילת תראנת נוף :

די פדוך ליש׳ מא בוננאס נקדרו חתתא נתכללמו : ולילא האדי מא ענדנא כוף : די פי דוך ליש׳ כוננא נבאתו גיר נכממו : ולילא האדי לפרחא פזזוף : די פי דוך ליש׳ כוננא בלגדאייד נתסממו : ולילא האדי תפררז וסוף : די פי דוך ליש׳ מא כוננא נאכלו וש׳א נשרבו : גיר כאייפין ונהרבו : ולילא האדי פלהנא מתכיין :

עבדים עביד כוננא להיטליר לעדו : ופככונא ליזש׳י מן יידו : בייד קוייא ובדרע ממדודא : וצ׳וכאן : מא זא לינגליז ולאמיריכאן . מא ענדנא פככאן . לא חנא ולא ולאדנא : ולא ולאד אולאדנא . מתררעדין כוננא מן היטליר וזהדו : ואכלליה : כוננא כייסין . כוננא פאהמין : כוננא עארפין אס גאדי יסיר ביה : וזמיע די יקזם ויזווק מא טרא ביה : טרא האדא משכור :

הגדת היטלר

בבהילו במהרה באו האמריקנים :

הא לחמא הפנים הכחושות האלה. שהיו לאבותינו בבהלה
מהיטלר : כל דכפין יתהלך בפחד. כל דצריך ברעדה
בורח : השתא הכא. לשנה הבאה בשלווה. השתא הכא בשוק
השחור : לשנה הבאה בפלשתינה כבני חורין :

מה נשתנה מה נשתנה הלילה הזה. מליל שלושים ותשע :
שבלילות ההם אפילו לדבר לא יכולנו : אבל הלילה
הזה איננו פוחדים : שבלילות ההם יָשֵנוּ בדאגה : והלילה הזה בלב
שמחה : שבלילות ההם במצוקות הורעלנו : והלילה הזה התבונן
וראה : שבלילות ההם לא אכלנו ולא שתינו : רק פחדנו וברחנו :
והלילה הזה בשלווה אנו מסובין :

עבדים עבדים היינו להיטלר הצורר : ויצילונו בעלות הברית
מידו : ביד חזקה ובזרוע נטויה : ואילו : לא באו האנגלים
והאמריקנים. הרי לא היינו ניצולים. לא אנו ולא בנינו : ולא בני בנינו.
אחוזי אימה היינו מהיטלר ועוצמתו : ואפילו : היינו חכמים. היינו
נבונים : ויודעים מה עתיד לקרות לו : וכל המרבה לספר בהלצה
ובקישוט את אשר אירע לו : הרי זה משובח :

הגדה

די

היטליר

נסים בן שמעון

SIMON COIFFEUR

Place du Général Bremont -:- RABAT

Téléph. 32-11

Exclusivité dans tout le Maroc et l'Afrique du Nord

Visa de la Censure N° 7216

אלה יעמדו על הברכה

משה אזולאי, אמנון אלבי,
מיכאל וקוטי אלחרט,
מרדכי (מורי) אלן אלטמן, מתן אליקים,
יהודה אתרוג, סימון בן גיגי,
בנימין בנהמו, מאיר בנהמו, אריק ברודי,
נח ברקוביץ, עומר גולן-יואל, שני גורן,
גלי גלדשטיין, עמנואל דובשני,
איתן דור-שב, מירה הולצר, עינת הררי,
אריאל וולברומסקי, יהודית וייס,
חיים וגיל וילדר-טקוזינר, יערה זרד,
אבי ודניאלה טורס, שמואל יונגר,
ניקול ישראלי, אפרת לדרפיין גלבוע,
יעקב ליבנה, יהודית לוי, עינת לוי,
משפחת לורנצי, יוסי מאירי,
משפחת מילר, חן מלול, יפה מססה,
יוסף סילם, לימור ותמיר פדידה,
מרדכי פיש, יצחק פישר, אליקים פרץ,
שלום וזהבה פרץ, פבל קנקה,
יעל ומאיר קסירר, לביא רודלסון,
יגאל רודניק, אלישבע רונן,
אברהם יצחק בן יעקב רוס,
תמיר רחמים, אסתי ונתן רידר,
גלעד רייכמן, נדיב שורר,
אסתר שקלים, רות שר שלום,
Chaiya Avigail and Raphael Ben
David, Celia & Harry Geffen,
מכון הברמן למחקרי ספרות,
קהילת קודש שילה ליוצאי מרוקו;
לכבודם של יוצאי קהילת יהודי דבדו.

לזכרם של

סולטנה (טני) אלמקייס לבית חרוש,
עמרם בן אסתר, דוד בן-חיים,
יעקב דואני, שלמה דיוויס, לילה חדד,
שמעון יוסף פדידה, אפרים וחיה קליין,
שרה ומשה רידר, ישראל וחיה שניצר,
George Fhal (Boulette),
Leon and Bela Zachar.

החיבור המקורי תורגם בידי ד"ר אבישי בר-אשר ופורסם לראשונה ברבעון "פעמים" לחקר קהילות ישראל במזרח (הוצאת מכון בן-צבי), גיליון 115-114 ("יהודי צפון אפריקה במלחמת העולם השנייה", 2008); תודתנו למכון בן-צבי ולמערכת כתב העת על האישור להדפיסו מחדש, וכן לפרופ' חיים סעדון, לד"ר דוד גדג' ולד"ר אבישי בר-אשר על הערותיהם, שתרמו להכנת ספר זה.

הגדת היטלר
הכתובה ערבית־יהודית
נתחברה על־ידי נסים בן שמעון
כתגובה למאורעות מלחמת העולם השנייה
ולנחיתת ׳בעלות הברית׳ בארצות צפון אפריקה
וראתה אור במהדורה יחידה ברבאט, מרוקו, בשנת 1943

נדפסה מחדש באלף עותקים
ובמהדורה נפרדת בת פס״ח עותקים
לכבוד ידידי בית המכירות הפומביות קדם
בירושלים, לקראת חג הפסח, ניסן תשפ״א

כ״ה עותקים נכרכו ידנית וסומנו במספרים

────────

הגדת היטלר

חיבור יהודי ממרוקו

מתקופת מלחמת העולם השנייה

מקור, תרגום, הערות

יוזמה והפקה: יוני שניצר

תרגום לעברית: אבישי בר-אשר

עריכה: שי מנדלוביץ'

תרגום לאנגלית: אברהם ויוני שניצר

עריכה: אֶפִּי בת-אילן, רז אלמליח

הגדת היטלר

חיבור יהודי ממרוקו
מתקופת מלחמת העולם השנייה

מקור, תרגום, הערות

מִנֶּגֶד הוצאה לאור

CPSIA information can be obtained
at www.ICGtesting.com
Printed in the USA
BVHW021355050321
601745BV00010B/411

9 781951 324018